ビジュアル選書

イギリス王室一〇〇〇年史

石井美樹子

辺境の王国から大英帝国への飛翔

THE HISTORY OF BRITISH MONARCHY

イギリス王室一〇〇〇年史◉目次

第三部　偉大なる処女王の時代

第四部　大英帝国の新時代

コラム

付録

The History of British Monarchy—0 はじめに

ノルマン朝成立前夜

「イギリス」とは

イギリスと呼ばれている国の正式名称は「グレイトブリテンおよび北アイルランド連合王国」(United Kingdom of Great Britain and Nothern Irland)。世界一長い国名である。スコットランド、イングランド、ウェールズ、そして北アイルランドが含まれる。国旗「ユニオン・ジャック」には連合王国成立までの複雑な経緯が象徴的にあらわされている。

一六〇三年、エリザベス一世の死去後、スコットランド王ジェームズ六世(一五六六〜一六二五)がイギリス王ジェームズ一世として迎えられ、両国は一人の王のもとで統治されることになった。すでにウェールズはエドワード一世により併合されていた。白の赤十字が配されたイングランドの国旗に、青地に斜めのクロスのスコットランドの国旗が組み合わされた。さらに、白地に赤の斜めのクロスのアイルランドの国旗が加わり、「ユニオン・ジャック」が完成された。赤いドラゴンを配したウェールズの国旗は含まれていない。イングランドに併合されていたウェールズはイングランドの一部だとみなされていたからである。イングランドの旗は「聖ジョージ」、スコットランド旗は「聖アンドリュー」、アイルランドの旗は「聖パトリック」と呼ばれている。

イギリスにスコットランドが加わってからは「連合王国」、一七〇七年の連合法以降は「大ブリテン連合王国」、一九二二年、北部を除くアイルランドが独立してからは「グレイトブリテンおよび北アイルランド連合王国」と変わった。本書では、時代とともに変貌するイギリスをひっくるめて「イギリス」を用いるが、大ブリテン島の東南部の地域を意味する場合は「イングランド」を用いる。

本書は、一〇六六年のノルマンディ公爵ウィリアムのイギリス征服からウィリアム王子の時代までの英国千年史記を扱う。

以後一千年の間、イギリスは外国に侵略されたことはない。生きのびるためには何でもする、この逞しさと狡猾さがイギリス魂となり歴史を紡いできた。

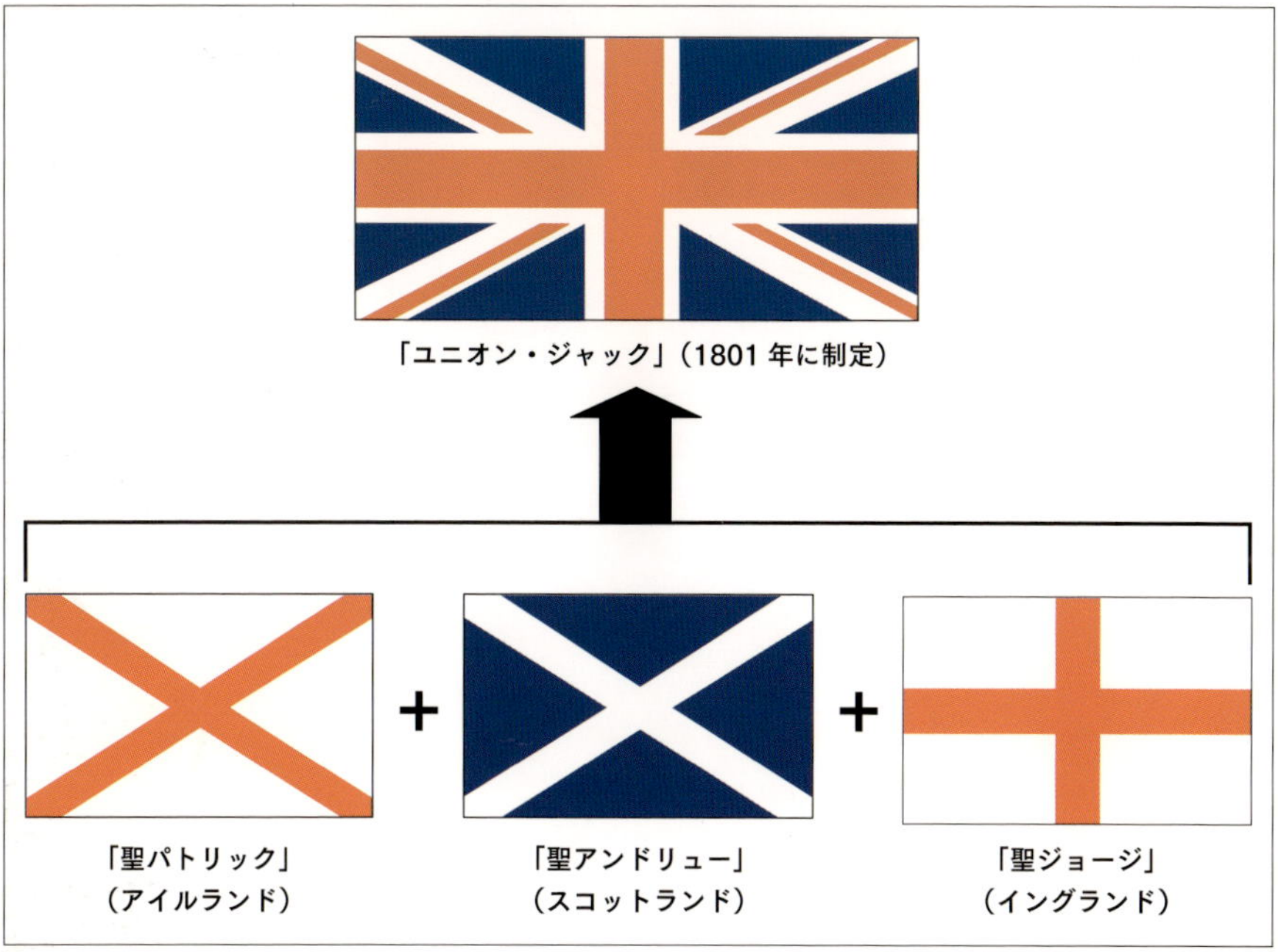

ノルマンディ公爵ウィリアム侵攻までの経緯

アングロ・サクソン王家はなぜ、ノルマン人（「北の人」という意味）の征服をゆるしたのか。その要因はロンドンのウェストミンスター寺院の創健者として名高いエドワード懺悔《ざんげ》王（一〇〇四頃〜六六）がノルマンディ公爵ウィリアム（仏語名ギヨーム、一〇二七〜八七）に王位を約束したことにある。生来、エドワードは気が弱く、その場しのぎの約束をする傾向があった。

エドワードは祈りと告解を常としたことから、懺悔王と呼ばれた。懺悔王からウィリアム征服王までの歴史は凄惨な王位継承の経過でもある。系図をたよりに、それを概観してみよう。

懺悔王はアングロ・サクソン王家のエセルレッド二世（九六八〜一〇一六）を父とし、ノルマンディ公爵リシャール一世の娘エマ（一〇五二年没）を母とし、一〇〇四年頃、オックスフォード近くのイスリップで生まれた。絶世の美女エマは「ノルマンの宝石」と讃美されていた。すらりとして気品あふれる姿態、輝くブロンドの髪、白磁のようになめらかな肌、青い光を湛えるつぶらな双眸《そうぼう》。この美しさゆえに、侵略者のデーン人の妻となるという数奇な運命を歩んだ。

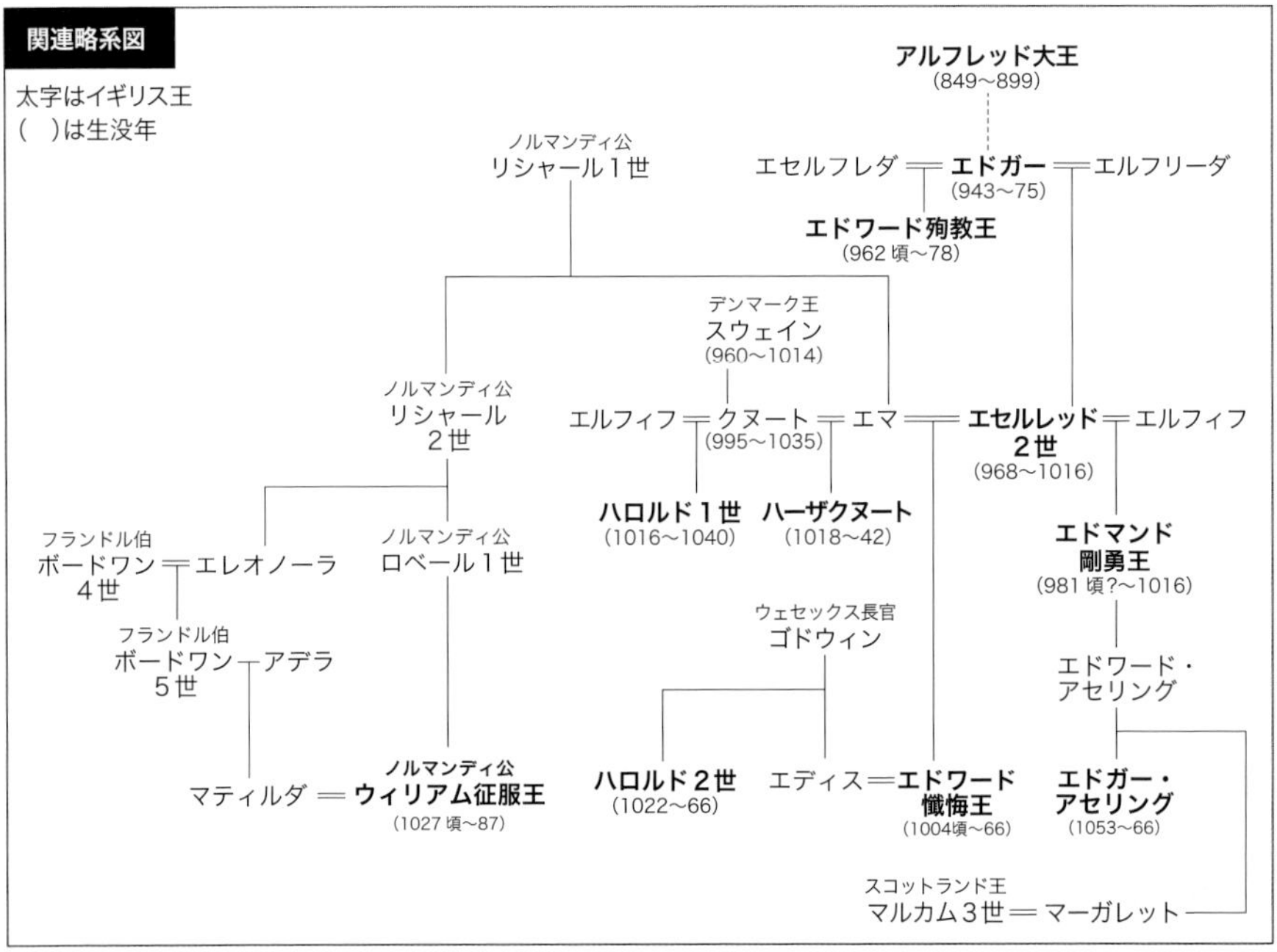

少し時代をさかのぼってみよう。エセルレッド二世の母エルフリーダは息子を即位させるために、夫と第一王妃エセルフレダの子エドワード（エドワード殉教王、九六二頃〜七八）を殺害した。しかし、エセルレッドの即位から二年後の一〇一三年、デンマーク王スウェイン（九六〇〜一〇一四）が息子クヌート（九九五〜一〇三五）を伴い、九十四隻の船とともにケント州のサンドウィッチに上陸し、イギリス侵攻を開始した。そのとき、エセルレッド二世は病魔に倒れ、母の実家のノルマンディ公爵家に身を寄せていた。王は賢人会議（Witan）に呼び戻され、病身をおしてデーンと戦ったが、病没した。すでにスウェインは世を去り、クヌートがエドマンド剛勇王（エセルレッド二世と第一妃エルフィフの子、九八一〜一〇一六）とイングランドを分割統治していた。一〇一六年、エドマンド剛勇王が世を去ったため、クヌートが玉座を独占した。クヌートは第一王妃エルフィフを離縁し、エマに求婚した。エマはクヌートより十数歳も上だったが、若き日の美貌は少しも衰えていなかった。征服者の求婚をどうして断れよう。エマは夫の敵クヌート王の妻となり、ハーザクヌートを産んだ。エドワード（のちの懺悔王）は義理の父クヌートを嫌い、母の実家のノルマンディに亡命した。

クヌート王は幾多の業績を遺したが、そのひとつが、イングランドをノーサンブリア、東アングリア、マーシャ、ウェセックスの四つの州に分け、前者二つをデーン人の所有、後者二つをイングランド人の所有とし、それぞれ四つの州に長官を置いた政策である。州の領民は王よりは長官に忠誠を尽くす傾向があり、また四人の長官が嫉妬心から敵対しあったので四つの州を束ねるのは難しかった。特に、勢力を増すウェセックスのゴドウィンに対して、三人の長官がこぞって対立し、国の統一はかなわなかった。

一〇三五年、クヌート王が亡くなり、賢人会議に推挙されて、クヌートと第一王妃の子がハロルド一世（一〇一六～四〇）として即位する。一〇四〇年、ハロルド一世が亡くなると、デンマークとスウェーデンの王位を継いでいたクヌート王とエマの子ハーザクヌートが、六十隻の船団とともにデンマークを出発してサンドウィッチに上陸し、カンタベリー大聖堂で戴冠した。この戴冠式から二年後、ハーザクヌートは葡萄酒を口に運んでいるときに突然死した。ハーザクヌートには子がなかったために、デーン人の支配は三代で終わり、一〇四二年、エドワードが賢人議会に推挙されて王位に即いた。

デーン人の王朝時代にノルマンディに亡命していた懺悔

エドワード懺悔王（1004頃～66）
母の故郷ノルマンディで育ち、デンマークおよびイングランド王ハーザクヌートの死後、イギリス王として戴冠。ウェセックス長官派の勢力を抑えるため、ノルマン人を多く登用した。臨終に際し、ハロルド2世を王に指名し、ノルマンディ公爵ウィリアム侵攻を招いた。信仰心が篤く、1045～50年頃にはウェストミンスター寺院を造営、のちの1161年には列聖されている

王がイギリスに帰国したのは三十の半ばを過ぎてであった。イギリス人というより、ノルマン人のようで、周囲をノルマン人でかためた。懺悔王には従弟の子にあたるノルマンディ公爵ウィリアムが来英すると、賢人会議に推挙されて王位についた王には、王位を勝手に譲位できる権利がなかったにもかかわらず、ウィリアムに王位を約束した。だが、一〇六六年一月五日、臨終の床に横たわると、ウェセックス長官ゴドゥインの息子で、妻エディスの弟ハロルド（一〇二二〜六六）を次期王に指名した。賢人会議は満場一致でハロルドを王に推挙した。ハロルドがイギリス一の実力者だったからである。

ハロルドの即位を知ると、ノルマンディ公爵ウィリアムは全ヨーロッパにむかって宣言した。

「ハロルドは封建の掟を犯して王位に即いた」

実は、ハロルドは懺悔王の命を受けてノルマンディを訪れた際に、ポンティユー伯爵領ギーの海岸に漂着し、身柄を拘束された。伯爵は莫大な身代金を要求した。ウィリアムは使者を送り、身代金を払い、ハロルドを救い出した。ハロルドは、ブルターニュに遠征するウィリアムに随行し、戦功をあげ、鎧と兜を授けられて騎士に叙せられ、ウィリアムに臣従の礼をとった。

ウィリアムの司祭ギヨーム・ド・ポワティエは、ハロルドの誓言の場面をこう描写している。

「ハロルドはキリスト教徒の聖なる儀式によってウィリアムに誓言した。……儀式の最後にハロルドはウィリアムにこう言った。自分は懺悔王の宮廷で、エドワード懺悔王が生きている間、ウィリアムの大使としての役目を果たそう。懺悔王の死後にウィリアムにイギリスの王冠がもたらされるように全力を尽くそう。……」

懺悔王はウィリアムにイギリスの王冠を約束したのにもかかわらず、それを臣下のハロルドが主のウィリアムをさしおき掌中にした。これは封建社会の掟に反する。そうウィリアムは主張した。ウィリアムはローマ教皇アレキサンデル二世に訴えた。教皇はウィリアムを支持し、旌《はた》と聖ペテロの頭髪入りの指輪を与えて祝福した。

ハロルドが即位してからまもなく、北部にデーン人が侵略した。ハロルドはウィリアムがイングランド南東部に上陸しようとしていることを知っていたが、北方に進軍し、スタンフォード・ブリッジの戦いでデーン人を打ち破った。それから三日後、ウィリアムがペヴェンシーの港に上陸した。ハロルドは南部から引き返した。他の三人の長官は援助しようとせず、ハロルドは単独でウィリアムの軍に対峙しなければならなかった。こうして、イギリス人の王は消え去り、バイキングの王朝も姿を消した。

第一部

征服者の王朝

ロンドン塔の中世宮殿時代の「王座の間」（再現）

ヘイスティングズの戦い

The History of British Monarchy—1◉ノルマンディ公爵、イギリスを征服す

フランスからイギリス海峡を越え、ノルマンディ公ウィリアム率いる軍団が上陸。ヘイスティングズにて戦いの火蓋は切って落とされた。

ノルマンディ公爵軍上陸

一〇六六年九月二十七日、ノルマンディ公ウィリアムは約一万二千の兵と七百五十隻の船団から成る遠征隊を率い、サンバレリー港を出港した。翌二十八日、聖ミカエル祭の前夜、イギリス海峡を望むケント州の港町ペヴェンシーに入港し、近郊のヘイスティングズに要塞を設営した。

十月十四日、戦闘開始。ノルマン兵の半数ほどは騎馬兵で、動きは敏捷。ノルマン人は砦を築いてそこから矢を放つ戦法を早くから発達させていた。

イギリス軍はセンラック丘の頂《いただき》に陣取り、整列した盾で防御しながら、槍や弓や斧でノルマン兵に応戦した。戦闘が長引くのを恐れたウィリアムは退却に転じた。ノルマン軍が退却の姿勢を見せると、イギリス軍は追跡を開始する。ノルマン軍は十分に敵をおびき寄せたとみるや、回れ右をして攻撃に転じた。イギリス軍の歩兵たちは、正面から向かってくるノルマン軍の騎兵隊の猛攻撃にあい総崩れとなった。八時間におよぶ戦闘のあと、アングロ・サクソン最後の王ハロルド二世は目を射抜かれて戦死した。

ウィリアムの司祭ギヨーム・ド・ポワティエは戦いの終わりをこう描写している。

「夕闇はまだ迫っていなかった。イギリス側は、ノルマン軍に抗し得ないのをはっきりわかっていた。軍隊の大部分が失われたからである。イギリス王

ヘイスティングズの戦い（19世紀、フランソワ・イホリート・デボン画）

と二人の弟、ほかに多くの偉大なる武将が戦死した。生き残っていた兵士たちはほとんど疲弊しつくしていた。もはや援軍はどこからも来ないことを理解していた。それほど大きな犠牲者を出さすにすんだノルマン軍は、戦闘開始のときとほとんど変わらず戦意に燃えていた。ウィリアムは、自分に立ち向かう者は何人《なんぴと》であろうとも容赦せずに怒りを爆発させて突き進み、勝利するまで戦意を緩めず、イギリス兵士たちはノルマンディ公爵の武勇を思い知った。そういうわけで、イギリス兵は我先にと、できるだけ早く、ある者は馬に乗り、ある者は徒歩で、ある者は道路沿いに、ある者は平原を越えて退却した。……」

ウィリアム戴冠

ハロルド王が戦死した知らせを受け取った賢人会議は、先のアングロ・サクソン王エドマンド剛勇王の孫エド

ガー・アセリングを王に推挙したが、数週間後、ウィリアムを王と認めざるを得なくなった。反抗しようにも、ウィリアムの軍隊には歯がたたなかったのである。

　ウィリアムは賢人会議に自分を推挙させてイギリス王となる正当性を得てから、一〇六六年のクリスマスにウェストミンスター寺院で戴冠した。寺院の外には、新しい王を祝福するために大勢の民が集まり、歓声をあげたが、ウィリアムの臣下たちがそれを暴動と勘違いし、多数の民を殺害した。外国人の王朝がイングランドに根付くまで、まだまだ多くの血が流されることになる。

「バイユー・タペストリー」

　ウィリアムによるイングランド征服の次第は『アングロ・サクソン年代記』に記されているが、いかなる資料にもまして重大な資料は一〇八二年頃に、イングランド南西部で、ウィリアム征服王の異母弟バイユー司教オドのもとで制作されたと推定されている刺繍作品「バイユー・タペストリー」（バイユー・タペストリー美術館蔵）である。イングランド征服という劇的な事件が正確かつ克明に、まるで戦いを目前にしているかのようにつづられている。

　タペストリーの長さは六八・三八メートル、幅は四五・七センチから五三・六センチ。タペストリーは繰り返し修復され、今日にまで伝えられた。素材は麻。使用されている刺繍糸の色はテラコッタ、青味がかった緑、セージ色の緑、落ち着いた黄金色、オリーブの緑、明るい青、黒っぽい青、黒、修復時に使用された明るい黄色、オレンジ色、明るい緑が混ざっている。

ハロルドがエドワード懺悔王の命を受けてノルマンディに出発する場面から一〇六六年十月十四日の「ヘイスティングズの戦い」までが麻布に刺繍され、各場面の説明がラテン語によって黒糸でつづられている。騎馬兵をはじめとする人物は躍動感に富み、色彩は美しく、美術品としても世界一級の作品である。上下の縁飾りには、当時の人びとの日常生活（鋤《すき》をひく農耕の様子や、勃起した裸体の男が裸体の女性を追いかける場面もある）やイソップ物語や怪獣が刺繍され、征服という厳粛なテーマに俗世の事柄が添えられる趣向となっており、中世イギリス文化の極みといってよい。

「バイユー・タペストリー」に描かれたウィリアムに臣従の誓いをするハロルド
ハロルドが大きな聖遺物櫃にかけて、ウィリアムに誓いをしている

「バイユー・タペストリー」のもっとも重要な場面のひとつは、ハロルドが大きなふたつの聖遺物櫃にかけて、ウィリアムに臣従の誓いをしている部分で、この場面はウィリアムのイギリスの王位継承を正当化している。

「バイユー・タペストリー」の最初の場面に登場するのは、ハロルドに王命を伝える懺悔王である。王は王冠を戴き、顎ひげと口ひげをたくわえ、王勺を手にしている。最後の場面には、命からがら逃げるイギリスの歩兵の様子が描かれている。

ウィリアム征服王

The History of British Monarchy—1 ◉ フランス人を王に戴いて

大陸流の制度を改良して導入し、築かれてゆく新たなる国家。ウィリアム征服王とは、どのような人物だったのだろうか。

変わりゆく国の姿

この後の歴史で、イギリスが外国人に侵略されたのは、ウィリアム征服王による侵略のみ。このことにより、イギリスはフランス人を王として戴く国となった。

この征服により国の姿は変わった。ノルマン人は早くから騎士道の儀式と階級制を採用していた。大陸の封建制度の長所と短所を熟知するウィリアムは、その制度を根本から見直した。

ノルマンディ公爵はフランス王に臣従の礼をとる。公爵には貴族《バロン》が臣従の礼をとる。貴族の下には騎士たちがいる。貴族の招集に応じて、騎士は武具と馬をともない出頭し、四十日間戦いに従事する義務がある。直接の支配者に対する服従が原則なのである。たとえば、公爵の臣下の者は公爵に忠誠を尽くす。騎士たちは貴族たちに忠誠を尽くす。貴族は王に忠誠を尽くす。このような制度は、公爵が国王に、貴族が公爵に、騎士が貴族に忠実であるかぎり効果的だが、土地や権力をめぐって争いを繰り返すようになると、構造が崩れ、下の者の支持をあてにできなくなる。

そこでウィリアムは、自分につき従ってきたノルマン貴族たちに封土を与えるとき、その領地があちらこちらに散らばるように配置した。つまり、結束して国王に造反するのを難しくしたのである。そして、封土を与えられた全員とその配下の者に対し、自分に直接忠誠を誓わせ、軍役を課した。忠誠は直接の封建領主ではなく、国王に誓うよう、繰り返し忠誠を誓わせた。これによって、王に反逆した貴族は、臣下ともども反逆罪に問われ、土地を没収され、家督を剥奪され、歴史の闇に消えてゆく。

ウィリアムはまた、バイキング流の血なまぐさい王位継承を廃して、長子相続制度を導入した。王位も爵位も父

ウィリアム征服王（1027～1087）
フランス、ノルマンディ公爵ロベール1世の庶子としてファレーズにて誕生。1035年、ノルマンディ公爵を継ぐ。52年、イングランドに渡海し、縁続きでもある、ときのイギリス王、ウェセックス王家のエドワード懺悔王に謁見した。63年にはフランスのル・マンとメーヌを征服。66年9月、イングランドに上陸しヘイスティングズの戦いで勝利し12月にはロンドンに入城、ウェストミンスター寺院でイギリス王として載冠した。

ウィリアムが育ったフランス、
ノルマンディのファレーズ城

タペストリーを縫うウィ
リアムの妻マティルダ

から長男に、長男からその息子に、長男に子がなければ、次男の子に財産を相続する制度を持ち込んだのである。

大陸流の封建制度と軍事制度、それに長子相続を原則とする新しい王位継承制度は、あらゆる土着の抵抗を崩してこの国に根づくことになる。

征服王の生い立ち

征服王の妻はフランドル（現在のベルギー西部からフランス北端にかけて、アルトワ丘陵とスヘルデ川下流との間にあって北海に沿う低地地方）伯爵ボードワン五世の娘マティルダ（一〇三一～一〇八三）だった。マティルダは、当時ノルマンディ公爵だったウィリアムが求婚すると、

「由緒あるフランドル伯爵家の娘が私生児くんだりと結婚できません」

と言って断った。

ウィリアムの父はノルマンディ公爵ロベール一世、母はファレーズ市の富裕な皮なめし商人の娘アルレッタ。ロベールは狩りの帰り道、川べりで洗濯にいそしむアルレッタを見初め、求愛し、アルレッタはそれに応えた。ロベールには妻がいたが、アルレッタはロベールとの関係を秘密にするのを拒み、馬に乗って堂々とロベールの城に乗り込んだ。やがてウィリアムを身ごもり、ファレーズの実家で出産する。一年後、ウィリアムは母に抱かれて父ロベールに対面した。父は賢そうな幼児を我が子と認め、手元に引き取って育てた。ウィリアムは父と愛人の子、れっきとした私生児なのであった。

ウィリアムは五歳になると、仲間を集めて戦争ごっこに熱中し、早くも指揮官としての才能を見せた。父は幼い息子に王者の資質を認め、与えうるかぎりの高い教育を授けた。ウィリアムが七歳の時、父はノルマンディをウィリアムと臣下に託し、十字軍に身を投じてエルサレムに旅立った。しかし、ロベールが祖国の地を踏むことは二度となかった。当時、十字軍は若者の夢であり、宗教的情熱の発露であった。騎士たちが妻子を荷車にのせてエルサレムに旅立つ風景がフランスのいたるところで見られた。

幼い主《あるじ》を戴いた、地味豊かなノルマンディを周囲の諸侯が狙った。ウィリアムはノルマンディの貴族たちが祖国のために戦う姿を見ながら大きくなった。「私生児」だったから、臣下の態度は決して暖かくなかった。しかも、重要な臣下たちのほとんどが暗殺されるという悲劇にも見舞われた。言葉ではとうてい表せないほど厳しい子ども時代を生き抜くことにより、意志の強い逞しい青年に育っていったのである。他の騎士より頭ひとつぶん大きく、骨格はがっしりとし、額は広く、表情は峻厳で目つきは険しかった。ウィリアムに睨まれると、だれもが震えあがった。

ウィリアムの頃のソールズベリーの都オールドセーラムの遺構
ウィリアムによって石壁で囲まれ、繁栄した城塞都市。やがて手狭となりソールズベリーは南へ3キロの地（現ソールズベリー）へと都を移されることとなる

マティルダの強奪

マティルダに求婚を断わられてから七年後、ウィリアムはフランドルに乗り込み、教会での礼拝を終えて帰宅する途中のマティルダを襲った。三つ編みの髪を掴むと泥道にひきずりだし、殴る蹴るの暴行をはたらき逃げ去った。ところがなんと、その後、マティルダはウィリアムの求婚を受け入れたのである。意外に思えるが、マティルダは小人のように背が低く、美人ではない。しかし、毅然とし女王の風格があり、魅力を発揮しようと思えば、若者を悩殺できたのであろう。

婚礼の日、マティルダは父に言った。「わたくしを公衆の面前で殴るほどのお方なのですから、勇気があり男らしいにちがいありません」

マティルダ王妃は、一〇六七年四月に渡英し、首都ウィンチェスターで戴冠した。それまで、イギリスには、王

の妻が戴冠する慣習はなかったが、征服王は、自分が不在中にイギリスをマティルダに託せるように、マティルダを、王権を分かち持つ「王妃《クィーン》」にする必要があった。戴冠によって、マティルダは、王の留守に摂政としてイギリスを預かることができるようになった。マティルダは戴冠したはじめてのイギリス王妃である。

国勢調査台帳

征服王の大事業の一つは、六年がかりで国勢調査をして国勢調査台帳(Doomesday Book)を作ったことである。家族構成のみならず、土地、建物、水路、家畜の所有数など多岐にわたる項目について調査した。五千以上の領主の土地と屋敷も記載されている。この台帳に基づいて徴税を行った。この国勢調査台帳は「いかなる者も漏れなく記載され、すべての国民が平等に課税された、まるで、天国の最後の審判を受けるときのように」といわれ、征服後に変化した土地を記載することで、定着させる役割を果たした。当時のイギリスの人口は二百万ほど。ノルマンディから送り込まれた五千人ほどのノルマン貴族が二百万の民を支配できたのは、既成の諸制度を大いに利用し、イギリスの地形から人口までを徹底的に調査したことにある。

征服王は国政の改革にも着手した。まず法律の改革から手をつけた。征服王の周囲で、法や行政に関わる人はほとんどが聖職者であった。教会が世俗の犯罪をも裁いたのである。そのために、かなりの混乱が生じた。そこで、裁判所を教会裁判と世俗の裁判に分離し、聖職者の裁判権は宗教問題に限ることにしたのである。こうして、世俗の法体系は宗教とは別個に発展してゆくことになる。征服王はまた、州を再組織して、中央政府とは異なる地方自治体を形成させた。

国勢調査台帳が完成した一〇八六年に、征服王はすべての土地保有者をソールズベリーに召集し、自分に臣従の誓言をさせた。そして、会議が終わるやいなや、海を渡った。ノルマンディが侵攻の危機にさらされていたのだ。

翌年、フランスの町マンテを攻撃中、馬がのけぞり、征服王を振り落とした。内蔵が破裂し、ルーアンに運ばれる途中の九月九日、征服王は息絶えた。六十四歳ほどだった。

ウィリアム二世

The History of British Monarchy—1 ◉ 兄たちの隙をつき即位した愚王

征服王の死後ほどなくして、兄を差し置いて即位した赤顔王ウィリアム二世。たび重なる愚行の日々の果てに、謎の死を遂げる。

赤顔王の誕生

父ウィリアム征服王死去の報を受けた三男ウィリアム（一〇六〇頃～一一〇〇）は、王冠を我が手にしようと、急遽ロンドンへ向かった。長男は早世し、次男ロベールは一族の本拠地ノルマンディ公領を継いだが、ノルマンディを弟のウィリアムに託して十字軍に身を投じ、そのときはドイツにいた。

征服王の死からわずか十五日後の一〇八七年九月二十六日、三男がウィリアム二世としてウェストミンスター寺院で戴冠した。

ウィリアム二世はずんぐりむっくりしていて背が低く、髪もひげも赤く赤ら顔だったために、ウィリアム・ルーファス（赤顔王）と呼ばれた。信仰心は薄く、無教養で粗野で冷酷、どもり癖があり、演説しても何を言っているのかわからなかった。また同性愛の性向をもち、妻をむかえる様子もなかった。父王の腹心の部下、カンタベリー大司教ランフランク（一〇〇五～八九）が存命中は、大司教の威光のおかげでつつがなく統治したが、ランフランクが亡くなると、本性をあらわした。素性の賤しいラニュルフ・ランバードなる人物を片時も離さず、彼の助言に乗せられ、大司教職をはじめとして、二十におよぶ聖職を空位にし、聖職に伴う歳入を懐にした。宮廷は「山師が群れるメッカ」と化した。

しかし、ウィリアム二世は重い病の床に倒れると、罪を悔い、聖者と名高いベックの司教アンセルム（一〇三三～一一〇九）をカンタベリー大司教に迎えた。ところが、奇跡的に病を克服すると、大司教を国外に追放。とうとうローマ教皇ウルバヌス二世（一〇四二～九九）は赤顔王を破門した。

一一〇〇年八月二日、赤顔王は数名の供をつれ、ロンドンの南西九三マイル（約一五〇キロ）にあるニュー・フォレストに赤鹿狩にでかけた。弟のヘンリー王子（一〇六八〜一一三五）も同行した。その日の午後、ひとりの炭焼きが、胸に矢を射られて絶命している赤顔王を発見した。事故だったのか、それとも故意に矢に射抜かれたのか、その死はいまだ謎に包まれている。

征服王は非常に賢明で偉大なる王だった。いかなる王にもまして力があり、そして敬愛された。ノルマンディから長子相続制度を導入し、デーン人やアングロ・サクソン人時代の血生臭い王位継承に終止符を打った。しかし、王位継承をめぐるバイキング流の自由競争は消失しなかった。弱く愚かな王が登場すると、それがひょっこり顔を出し、若く強い若者が王冠を横取りする。この繰り返しがイギリスの王権を強化してゆく。ウィリアム赤顔王からヘンリー一世への移行にも、その原理が働いたのかもしれない。長子相続によるなら、十字軍に遠征しているロベールこそが、ノルマンディとイングランドの主になるはずなのだから。

十字軍から帰還したロベールはさっそく反撃を開始する。征服王は長子相続を導入したものの、生き残った三人の息子のうち、一番年上のロベールをイギリス王にふさわしいと考えていなかった。このことが、兄弟間の下剋上を生んだのである。

ウィリアム2世（1060？〜1100）
ウィリアム征服王の3男。兄に先んじて、征服王の危篤状態に駆けつけてウエストミンスター寺院にて戴冠式を挙行。1089年に父の腹心ランフランクが他界すると、悪政に身を落とし、やがて教皇と対立、破門された。スコットランド王マルカム3世の侵攻の際にはこれを打ち破り、97年には同国を従属させている。

ヘンリー一世

The History of British Monarchy—1◉征服王のすべてを引継ぎし賢王

虎視眈々と王位を狙っていた四男は好機を逃さず、王冠を掌中とした。前王の悪しき政策を正し、反乱者を討ち、安寧の時代をもたらす。

征服王は次男ロベールにはノルマンディを、三男ウィリアムにはイングランドを譲渡すると約束していたが、四男ヘンリー王子には何も約束しなかった。王子はそれが不満で、その理由を父に聴いたことがある。

「兄たちはみな領土をいただけますのに、わたくしには何をお遺しになるのですか」

「王室の金庫から五千ポンドを与えよう」

「城も領土もないのに、五千ポンドの使い道などありません」

「いまは我慢し、神にすべてを委《ゆだ》ねるように。しばし兄たちに道を譲るのだ。わが栄光のすべてを受け継ぐのはそなたになろう。いつの日か、そなたは富と権力において兄たちを凌《しの》ぐ者となろう」

鷹のような炯眼《けいがん》の持ち主の征服王は、ヘンリー王子のまなざしの奥に知性と野望とを見ていた。征服王の予言は的中し、ヘンリー王子はついにイギリスの王冠を我が手にしたのである。

破られた長子相続

兄ウィリアム二世の赤鹿狩に随行し、兄の「事故死」を知ったヘンリー王子は、首都ウィンチェスターに急いだ。ヘンリーは賢人会議を召集し、賢人会議は彼を王に選出した。兄の死からたった三日後の一一〇〇年八月五日、ヘンリーは王位継承を宣言した。反対の声はあがらなかった。彼はすでに「立派な学者」として人望を博していたからである。

ヘンリーは征服王の容貌を受け継ぎ、兄弟のなかでは一番背が高く、がっしりした骨格で端正な顔立ちをしていた。

アングロ・サクソンとの関係回復

ヘンリー一世は、赤顔王の寵臣ランバードを追放し、アンセルムを呼び戻してカンタベリー大司教に迎えた。また、兄の時代の悪しき慣習を一切廃止

ヘンリー1世（1068～1135）
ウィリアム征服王の4男。兄ウィリアム2世急死を知るや即位。第1回十字軍遠征中だった長兄ノルマンディ公爵ロベール2世が王位を主張するとこれを破った。エドワード懺悔王の甥の孫でもある、スコットランド王マルカム3世の娘エディスと結婚し、アングロ・サクソン人との融和を深めた。また、戴冠憲章を定め、巡回裁判を広く行い、よく法を遵守し、国内の安定に努めた。

し、エドワード懺悔王時代の法律に、父征服王が加えたものを遵守することを表明した「権利特許状」を発布した。これによって、征服者のノルマン人と被征服者のアングロ・サクソン人が対等であるということを宣言したのである。その姿勢は妃選びにもあらわれた。

ヘンリーは、アルフレッド大王の血を引くアングロ・サクソン王家の王女エディス（一〇八〇～一一一八）を妃に迎えた。エディスは、世が世ならば、アングロ・サクソン王だったエドガー・アセリングの姪にあたる。父は亡きスコットランド王マルカム三世。ウィンチェスターの南に位置するラムジー修道院で、修道女として暮らしていた。その美しさは広く世に知られており、絹のような白い肌、均整のとれた彫りの深い顔、人柄には気品と優雅さが備わっていた。

ヘンリーに求婚されたとき、エディスは躊躇《ちゅうちょ》した。ヘンリーには、ウェールズの貴族の娘ネスタをはじめ八人ほどの愛人がおり、すでに二十人もの庶子をもうけていた。神に一生を捧げる決意をしていたエディスには、このような王の妃になれそうになかった。しかし、自分をとおして、征服者と祖国の民とがひとつに結ばれると思うと、断ることができない。エディスはヘンリー一世の求婚を受け入れた。結婚を機に、スコットランド名のエディスをノルマン名のマティルダに改めた。こうしてイギリス人の妃が誕生した。

　王妃の戴冠式の日、イギリスの詩人がこう謳った。

「清らかな花嫁にすべての希望が託されている。王妃は、イギリスの玉座を世々に継ぐ、強く英邁《えいまい》な王たちの母になるであろう」

ブランシュ・ネフ号の惨事

　十字軍遠征から帰国した征服王の次男ロベールは、弟がイギリスの王位に即いているのを見て激怒した。長子相続によれば、イギリスはロベールのものである。ロベールは気が弱いにもかかわらず野心だけは旺盛で、イギリス侵攻を企てる。ヘンリー一世は兄の野望を砕くために、一一〇六年、ノルマンディに遠征した。

　戦いを前にしたヘンリーは、とある教会に足を踏み入れた。王の一行を迎えた司教は、巻き毛を垂らし、見事な口ひげをたくわえた貴族たちを目にすると、声を荒げた。きれいに髭をそり、顔を額まで出すのがノルマン風だったからだ。

「かくのごとき容貌は人間の魂を永劫《えいごう》に地獄に導く。口ひげをたくわえ、顎ひげをのばした長髪の男たちは汚れたヤギにそっくりだ」

　ヘンリーは涙ぐんだ。すると、司祭は言った。

「後悔のお気持ちをかたちにあらわしてはいかがでしょう」

　ヘンリーが頭を差し出すと、司教はヘンリーの豊かな金髪をはさみでばっさり切った。ヘンリーは臣下たちに自分をみならうように命じた。

　司教に従ったのが幸運を呼んだのか、ヘンリーは兄ロベールを「タンシュブレーの戦い」で破り、兄と反乱貴族たちを捕虜にした。征服王がハロルド二世を破った「ヘイスティングズの戦い」からきっかり四十年が経っていた。ウェールズのカーディフ城に幽閉されたロベールは、二十八年後に病没し、グロスター聖堂に葬られた。

「タンシュブレーの戦い」から十一年後、またしても、ノルマンディで貴族たちが不穏な動きを見せたため、ヘンリーは海を渡った。ヘンリーは陣地で王妃の訃報を受けとった。健康を害していた王妃はヘンリーを見送ってから重篤《じゅうとく》に陥り、急逝したのだ。

　ノルマンディの反乱貴族たちを破ったヘンリーが船上の人となったのは、

反旗を翻したヘンリーの兄ノルマンディ公爵ロベール（1090頃～1134）

ロベールが幽閉されたカーディフ城

19世紀に描かれた「息子の死の知らせを聞き嘆くヘンリー1世」

一一二〇年十一月二十五日。皇太子ウィリアムは、王とは別の、新しく建造された「ブランシュ・ネフ号」に乗船していた。やがて飲めや歌えやのどんちゃん騒ぎが始まり、皇太子は船長に酒を振舞い、船を猛スピードで走行させる。泥酔した舵手が操縦を誤り、船は大きな岩にぶつかって浸水し、皇太子はじめ多くの若者が水底に沈んだ。

海難事故の知らせを受けたヘンリー王の顔面は蒼白となり、気を失って倒れた。我に返った王の形相は変わり果てていた。その日から亡くなる日まで、王に笑顔が戻ることはなかった。

後継者問題

この事故で、ヘンリーは世継ぎを失い、王の残った子どもは、神聖ローマ帝国皇帝ハインリヒ五世（在位一一〇六～二五）に嫁いだマティルダ王女（一一〇二～六七）だけになった。ヘンリー王は、マティルダが夫と死別するとすぐにイギリスに呼び戻した。この時のマティルダは二十五歳ほどで、ハインリヒとの間に子はなかった。ヘンリーはマティルダを、八歳ほど年下のアンジュー伯爵ジョフロワ（一一一三〜五一）に嫁がせた。気位の高いマティルダは、背が低くそばかすだらけの四角な顔をしたジョフロワを嫌ったが、結婚してから六年後の一一三三年、長男（のちのヘンリー二世）を、その後、次男ジョフロワを産んだ。

　ヘンリー一世は行政手腕に優れ、王国の行政機関の機能性を高めた。司法の分野でも手腕を発揮し、各州にひとりずつ長官を任命し、租税の徴収権と裁判の権限を与え、民事裁判《コモンロー》の礎を築いた。州の長官には、領主より身分の低いノルマン人を選んだ。彼らは王の忠実な役人として腕をふるい、王命を行き渡らせるのに大いに役立った。またウィンチェスターの法院の大広間に白と黒のチェックの布で覆った机を置き、そこで年に二度、復活祭と聖ミカエル祭に、地方長官が会計報告をする出納制度を設けたが、やがてこの制度が、大蔵省《エックスチェッカー》の名前の発祥となる。

　ヘンリーは、イギリスにおいては国王だけが司教の任命権を有すると主張して、ローマ教皇庁と争った末に、妥協策を提示した。司教の任命権は教皇にあるが、司教は王を直接の君主と仰ぎ、忠誠を誓うというものであった。教皇庁はこれに同意した。これはイギリスの歴史に大きな影響をおよぼすことになる。長い時の流れを経て、政教分離の源泉となるからである。

　アングロ・サクソン年代記作者はこう記している。

「ヘンリー一世は正直者で、強い畏怖の念を人に抱かしめた。その治世中は、他人に対して敢《あ》えて不正を働く者は一人もいなかった。王は人間にも家畜にも平和をもたらした、かくて、金や銀の荷物を持って王国内を移動する者に対し、親切な言葉をかける以外のことを敢えてした者は一人もいなかった」

　伝統的に女性の王位継承を排除する古代ゲルマンの「サリカ法典」を採用していないイギリスでは、女性の王位継承も可能であった。ヘンリー一世は自分の最期が近いのを悟ると、高位貴族たちがマティルダの王位継承に危惧を抱くのではないかと心配し、一一三四年、彼らを召集し、マティルダと一歳になる孫ヘンリーに忠誠を誓わせた。その翌年、リヨンの森で狩りを楽しんだ後、好物のヤツメウナギを食し、一週間苦しんだあげく、一一三五年十二月一日に亡くなった。六十七歳だった。

　多くの子をもうけながら、嫡出子はマティルダただひとりという非情な現実はイギリスの運命を変えた。スティーヴン王のあと、フランスのアンジュー伯爵家がイギリス王を継ぐことになる。征服王の大いなる企ては四代で幕を閉じることになるのである。

王位継承争い

The History of British Monarchy—1 ◉ 王の娘マティルダVS王の甥スティーヴン

ヘンリー一世は娘マティルダに王位を遺言するも、甥スティーヴンが議会を掌握して簒奪。マティルダ派とスティーヴン派の内乱が勃発する。

王位簒奪と内乱

父王ヘンリー一世が息を引き取ったとき、マティルダは夫の看護で忙しく、すぐに海を渡ることができなかった。マティルダに真っ先に忠誠を誓ったヘンリーの甥（ヘンリー一世の妹アデラの息子）、ブーローニュ伯爵スティーヴン（一〇九七～一一五四）がいち早く海を渡って議会を掌中にし、一一三五年十二月二十六日、聖ステファノの日に戴冠した。イギリスの高位貴族たちは、気位の高いマティルダより、気の弱いスティーヴンのほうが御しやすいとみたのであろう。

王位を奪われたマティルダは激怒し、軍を組織して海を渡った。この日から十五年にわたり、スティーヴン王を支持する貴族とマティルダを支持する貴族が激しく争う内乱が繰り広げられた。征服王が作りあげた法と社会秩序は崩壊し、貴族たちは勝手な振舞いにおよび、強盗が横行し、国土は荒廃を極めた。ウィリアム赤顔王やスティーヴンのような弱い王では、被征服者たちを抑えきれなかったのである。

「女という衣をまとう男」

マティルダは長身で姿勢がよく、大理石のように耐久力があり、いつも豪華な装いに身を包んでいた。気性は激しく頑固、皮肉な性格で、誇り高く、政治に尋常でない興味を抱いており、巷では、「女という衣をまとう男」と恐れられていた。

一一三九年九月二十二日、スティーヴンへの怒りに燃えるマティルダは、兵を率いて海を渡り、ポーツマスに上陸した。ヘンリー一世の庶子、マティルダには異母兄にあたるグロスター伯爵ロバート（一〇九〇頃～一一四七）が百五十人の兵士を連れてマティルダ軍に身を投じた。

二年におよぶ戦闘の末に、スティーヴンはマティルダに屈服し、リンカンで捕虜になり、ブリストルの牢に幽閉された。ウィンチェスターに入城したマティルダは「イギリス女王」を宣言したが、戴冠できなかった。教会と仲違いしたうえ、峻厳で冷酷な性格のために、多くの支持者が王側に寝返ったからである。支持者たちはマティルダが「王妃のように振舞うのは耐え難い」と言い合った。やがて、グロスター伯爵が王軍に捕まり、伯爵の釈放と引き替えに、スティーヴン王を釈放するはめになった。マティルダは悔し涙にくれ、夫の実家アンジューに帰り、王冠を賭けた戦いを長男ヘンリー（一一三三～八九）に委《ゆだ》ねた。

一一六七年一月三十日、マティルダはこの世を去った。墓石にこう刻んだ。

「ここにヘンリー王の娘が永眠する。妻にして母。生まれは高貴にして、結婚により高貴さをいや増し、母になることによってもっとも高貴なる者となる」

ヘンリー一世の死とともに、征服王朝は終焉するが、征服王の孫娘の長子にあたるヘンリーが母の戦いを引き継ぎ、ヘンリー二世としてイギリスの王冠を手にする。このときから、プランタジネット王朝が始まるのだ。

マティルダ（1102～1167）
1114年に神聖ローマ皇帝ハインリヒ5世と結婚。兄が若くして他界、ほかに兄弟がなかったことから父ヘンリー1世に後継者に指名される。25年に夫が他界するとその3年後にはフランスのアンジュー伯爵ジョフロワと再婚した。35年に父が他界すると、ブーローニュ伯スティーヴンに王位を簒奪され、軍を組織しイングランドに上陸。41年にはスティーヴンを捕らえ「イギリス女王」を宣言するが、ほどなくして支持を失い、スティーヴン釈放にいたる。47年、有力な支持者グロスター伯爵が他界するとフランス亡命を余儀なくされた。絵画はスティーヴンに追われ、夜陰に紛れて脱出するマティルダ

プランタジネット朝

The History of British Monarchy—1 ◉ ヘンリー二世即位とアンジュー帝国建設

簒奪王スティーヴンを降し、マティルダ王女の子ヘンリーが即位。フランス王妃であったアキテーヌ公女エレアノールを妻に迎え大帝国を築く。

スティーヴン（1096～1154）
フランス、ブロワ伯爵とウィリアム征服王の娘との間に生まれ（フランス名エティエンヌ）、1125年、ブーローニュ伯爵の娘と結婚し伯位を継承する。35年、ヘンリー1世が他界するとイギリスへ上陸し王位を簒奪。王女マティルダと泥沼の内戦状態に陥る。強敵グロスター伯爵の死、マティルダの逃亡を受け、戦況は膠着状態に入ったかのように見えた53年、マティルダの息子ヘンリーの侵攻を受け、ヘンリーを後継者とすることを条件に和睦を結んだ。

王朝創始

アンジュー伯爵ジョフロワ（一一一五～五一）の祖先のエティエンヌは、戦いの時に、プランタ・ゲニスタ、つまり、金雀児《えにしだ》の小枝を兜に飾って出陣するのを常としたために、伯爵はジョフロワ・プランタジネットと呼ばれた。

マティルダがアンジューに逃げ帰ってからほぼ六年後の一一五三年一月、二年前に父を亡くし、アンジュー伯爵となったマティルダの子ヘンリーは、スティーヴン王を倒すために、一大艦隊を率いてバルフルール港を出航し、英仏海峡を渡った。ブリストル港に上

ヘンリー2世（1133～1189）
ヘンリー1世の娘マティルダとフランスのアンジュー伯爵ジョフロワの嫡子。1145年頃より母を助け、簒奪王スティーヴンと干戈を交える。50年に父が征服していたノルマンディ公爵領を、翌年にはアンジュー伯爵領を継承。51年にアキテーヌ女公爵アリエノールと電撃結婚、54年にはイギリス王となり、広大な領土を治めた。またスコットランド王を降し、さらにウェールズ、アイルランドを支配下に置き、4男ジョフロワをブルターニュ女公爵と結婚させた。荒廃した国土を復興させ、大陸の支配地はそれぞれ息子に分配し治めさせたが、晩年には息子たちの反乱に悩まされた。絵画は1804年、J.チャップマン画。

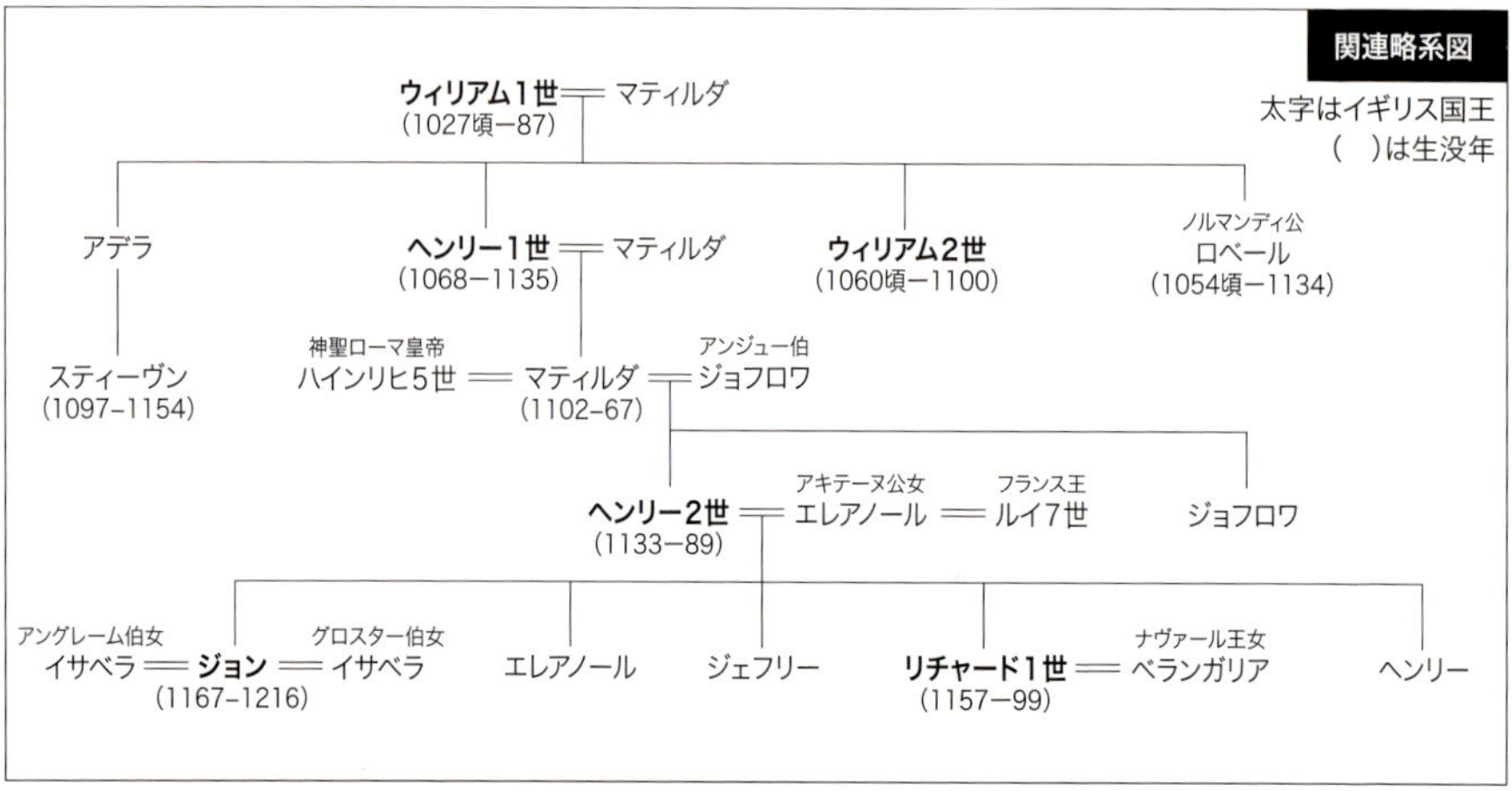
関連略系図
太字はイギリス国王
（　）は生没年
ウィリアム1世
(1027頃–87)
マティルダ
アデラ
ヘンリー1世
(1068–1135)
マティルダ
ウィリアム2世
(1060頃–1100)
ノルマンディ公
ロベール
(1054頃–1134)
スティーヴン
(1097–1154)
神聖ローマ皇帝
ハインリヒ5世
マティルダ
(1102–67)
アンジュー伯
ジョフロワ
ヘンリー2世
(1133–89)
アキテーヌ公女
エレアノール
フランス王
ルイ7世
ジョフロワ
アングレーム伯女
イサベラ
ジョン
(1167–1216)
グロスター伯女
イサベラ
エレアノール
ジェフリー
リチャード1世
(1157–99)
ナヴァール王女
ベランガリア
ヘンリー

ウィンチェスター
カンタベリー
ブルージュ
ゲント
フランドル
神聖ローマ帝国
アミアン
ルーアン
ノルマンディ
ランス
パリ
シャンパーニュ
ブルターニュ
レンヌ
メーヌ
トロワ
オルレアン
ブロワ
大西洋
ナント
アンジュー
トゥーレーヌ
ブロワ
ディジョン
ブールジュ
ポワトゥー
ブルゴーニュ
ポワティエ
ヘンリー2世が獲得した領土
アンジュー伯領
ノルマンディ公領
父から継承（1144年）
ブルターニュ公領…三男ジェフリーの結婚によって継承（1166年）
イングランド…イギリス王位とともに継承（1154年）
アキテーヌ公領…エレアノールとの結婚により継承（1152年）
フランス王直轄領
フランス王の封臣の領土
ラ・マルシェ
クレルモン
アングレーム
リモージュ
オーベルニュ
ペリゴール
ボルドー
トゥールーズ
アルビ
ニーム
ガスコーニュ
トゥールーズ
カスティーリャ王国
カルカソンヌ
ナヴァール王国
地中海
アラゴン王国

王妃エレアノール（1122～1204）
多くの吟遊詩人が集い、文化的にも洗練されたアキテーヌ公領を継ぎ、フランス王ルイ7世と結婚。２女をもうけるが離婚し、のちのイギリス王ヘンリー２世と再婚した。絵画は1858年にフレデリック・サンズによって描かれたもの。

陸し、祈りを捧げるために教会に歩を向けると、澄んだ調べが聞こえてきた。

「……神よ御照覧あれ、あの方がこられました。われらの王にして支配者となられる方がこられました。……」

ヘンリーは体中に力がみなぎるのを感じた。スティーヴン王の評判がかんばしくないのだ。

ヘンリー軍が圧倒的な強さを見せてスティーヴン王軍を牽制したために、スティーヴン王は弱気になった。わずか数年の内戦の間に、頭髪には白いものが混じり、顔には不安と気苦労のしわが刻まれていた。即位以来の年月のすべてをマティルダとの戦いに費やしてきたのだ。スティーヴンは戦う気力を失い、カンタベリー大司教に和睦の仲介を依頼する。

和睦に反対したスティーヴン王の息子ユースタスは、大司教の領地ベリー・セント・エドマンズに乗り込み、教会、貴族の館、農家、民家などを焼

エレアノールの元夫
フランス王ルイ7世
（1120～80）

き払った。略奪に血道をあげたが、「戦勝」に酔いしれる最中に食したウナギにあたり中毒死した。

息子を失ったスティーヴンは、ヘンリーを後継者と認めた。二年後、スティーヴンが死去し、ヘンリー二世がウェストミンスター寺院で戴冠した。

アンジュー帝国建設

ヘンリー二世はノルマンディとイングランドを母から受け継ぎ、父からはアンジュー伯爵領を受け継いだ。一一五二年に、南西フランスに広大な領土を持つアキテーヌ公女エレアノール（一一二二～一二〇四）を妻にむかえ、ヨーロッパ一の大領主となる。人びとはヘンリー二世の領土を「アンジュー帝国」と呼んだ。エレアノールはもともとフランス王ルイ七世の妃だったが、娘二人しか生まれなかったため、フランス王は若い王妃をもらい、後継者をもうける必要に迫られた。エレアノールのほうも僧侶のような王に愛想をつかしており、夫妻はローマ教皇に訴えて結婚を解消してもらった。

それからわずか数週間後、エレア

ノールはアンジュー伯爵ヘンリーと電撃結婚し、全ヨーロッパを震撼させた。エレアノールの持つ広大なアキテーヌ領が誰の手に渡るかで、ヨーロッパの勢力図はがらりと変わるからである。

もはや子を産む能力はないと思われてフランス王室を去った二十九歳のエレアノールだったが、十一歳も下のヘンリーと結婚すると、毎年のように子を産み、五男三女をもうけた。一人をのぞいて全員が成人した。

「アンジュー帝国」建設に心血を注ぐヘンリーとエレアノールは、一つの目標に向かって作動するハンマーと鉄床《かなとこ》にたとえられた。英仏海峡をまたがる広大な領土を統治するには、二人の主を必要とした。ふたりの野望は一致していた。それは諸侯のもつ自生的な権力を王冠のもとに置き、中央集権国家を形勢することである。大土地所有者の力を弱めるために、土地所有に関する裁判は王の諮問機関である最高裁判所、王政庁(Curia Regis)で行うようにした。貴族たちの紛争の裁判も王政庁で行うようにした。そのために、巡回裁判が発達し、地方の領主が行う裁判は姿を消していった。

内戦で荒廃した国土を復興し、秩序を取り戻すために、ヘンリー二世は王国のすみずみまで動きまわった。いつでも移動できるように、乗馬に適した短い上着を着用していることから「短いマントの王」と呼ばれた。片時もじっとしていられないヘンリーは、食事のとき以外は腰をおろさず、礼拝時にもそわそわ歩きまわっていた。眠っているとき以外は動くのをやめなかったが、その眠りさえもあまりとらなかった。ヘンリー二世の年代記作者のブロワ出身のピーターはこう記した。

「もし、王が明日はかくかくの町に向けて早朝出発すると仰せられれば、王が昼まで寝ておられることはしょっちゅうだ。もし王がここに数日間滞在すると宣言されるなら、夜があけると同時に必ず出発される」

ヘンリーは野性的で荒々しい気性で、獲物を狙う猟犬のように敏捷だったが、驚くほど高い教養と、人を魅了する術を身につけていた。ラテン語のみならず、フランスからシチリアのヨルダン川にいたるまでの国の言葉に通じていた。本拠地アンジューには、どの都市にも勝る立派な学校や教会が建ち並び、学僧が宮廷に自由に出入りしていた。王国の中央集権化は、前代未聞の活動家の王を得て一気に進む。

妻エレアノールは、最初の吟遊詩人として名高いアキテーヌ公ギヨーム九世の孫娘。学僧や芸術家たちが集う宮廷で育ち、フランス王妃時代も、ヘンリーの妻となってからも、文化の香り豊かな宮廷をいとなみ、芸術家たちを保護した。彼女の宮廷から、ヨーロッパ文化の心髄となる宮廷風恋愛が生まれた。

The History of British Monarchy—1 ● ヘンリー二世と大司教ベケットの確執

トマス・ベケット暗殺

殺人を犯しても、聖職者であれば軽罰ですむ——教会の権利と王権の狭間で両者は対立を深めていた。主君の嘆きを聴いた忠臣たちは暗殺遂行に発つ。

教会と俗界との対立

王冠をめぐる長い内乱の間に、国の秩序と規律は乱れた。征服王の時代から、教会と俗人（国王や貴族）との間で、聖職者叙任権と裁判権をめぐって激しい争いが繰り返された。

もともと征服王は裁判所を世俗と教会の二つにわけていた。だが、教会が徐々にすべての訴訟事件を宗教上の問題にすり変えて、俗界の介入を阻止しようとするようになった。スティーヴン王の時代に、国法が教会側からひどく浸食されるようになり、聖職者は殺人のような重い罪を犯した場合でも、教会裁判で裁かれるために、大した罰を受けずにすんでいたのである。ヘンリー二世はこれを王権の侵害にあたるとして激しく抵抗し、カンタベリー大司教トマス・ベケット（一一一八～七〇）との確執を深めていった。

一一六四年、ヘンリーはソールズベリー近くのクラレンドンに会議を召集し、反ベケット派の司教たちを味方につけ、「以前この国にあまねく広くゆきわたっていた」正義を施行するための古い「法規」に署名するようベケットに強要した。署名後に「クラレンドン法規」を読んだベケットは仰天した。それは王を教会の長に据えるにひとしい法規にほかならず、国王は司教の任命権を有し、聖職者がローマ教皇庁に直訴する権利を規制するものだった。

ベケットはクラレンドンから逃亡し、英仏海峡を渡り、サント・メール近くのシトー派の修道院に身を潜めた。その後、大司教とヘンリーの争いは日ましに深刻になっていった。

ヘンリーはベケットを侮辱するために、一一七〇年六月、ウェストミンスター寺院で、息子ヘンリーの戴冠式を挙行。ベケットは、戴冠式を司るカンタベリー大司教の権利が侵害されたとしてヘンリー二世を激しく叱責した。フランス王が仲介に乗りだし、二人は

15世紀に描かれたベケット暗殺
ベケットは、政治家、外交官、ときに猛将として才を発揮し、1152年に国王の秘書となり、1162年にはカンタベリー大司教となる。王と対立し、1164年、フランスに逃亡。不在の間に王子の戴冠式が行われ、1170年12月に帰国したベケットは戴冠式を執り行った三人の司祭を破門。同月、暗殺された。

和解した。しかし、イギリスに戻ったベケットは、即座にヘンリー王子の戴冠式に関わった聖職者たちを罷免した。ヘンリーは激怒した。

「誰があの無法者からわたしを守ってくれるのか」

国王の心を忖度《そんたく》した四人の騎士たちがカンタベリーに向かい、大聖堂の祭壇前で祈りを捧げるベケットを暗殺した。ローマ教皇はこれを赦さず、ヘンリーに、ベケットの墓の前で、修道僧たちに鞭打たれる苦行を命じた。まもなく、カンタベリー大聖堂は聖地になり、大勢の巡礼者がつめかけた。

中世イギリス文学の傑作ジェフリー・チョーサー作『カンタベリー物語』は、カンタベリーへの巡礼者たちがとある旅籠《はたご》に同宿し、夜長にそれぞれが得意の物語を披露する趣向になっている。物語の内容もさることながら、語り手たちが中世イギリス社会の写しとなっており、興味深い。

The History of British Monarchy—1 ◉ 戦塵に身を置いた猛き騎士王

獅子心王リチャード

強き者へも挫かず戦いを挑むその勇猛さから、「獅子の心をもつ王」とよばれたリチャード。その治世において国に在したのはわずか一年に満たなかった。

王妃の離反

エレアノールは末子ジョンをみごもるまでは、ヘンリーの力強い伴侶だったが、ヘンリーがロザムンドという若い女性を寵愛し、王妃のように扱いはじめると、子どもたちを連れて実家のアキテーヌに戻った。そして息子たちに、かつての夫フランス王ルイ七世に臣従の誓いをさせ、父に造反させた。一一七三年の父と子の戦いは父の勝利に終わり、エレアノールは幽閉された。しかし、十五年後、息子たちはまたも父に逆襲した。

反乱の輩《やから》の名を記した名簿に、ヘンリーは溺愛する末っ子ジョン王子の名を見つけると、がっくりと肩をおろした。そしてウィンチェスター大聖堂の壁に描かれた、四羽の鷹の雛鳥が親鳥に襲いかかる絵を思い出し、「子鷲どもがわしを死に急がしめる」と絶望し、トゥルネのシノン城で亡くなった。五十七歳だった。

不在王リチャード

父ヘンリーの死の知らせを大陸で受け取ったヘンリー王の三男リチャード（長男と次男は早世、一一五七～九九）はイギリスに戻り、リチャード一世として即位した。リチャードはプランタジネット家特有の激しい性格を兄弟のだれよりも強く受け継ぎ、あらゆる慎重さを軽蔑し、男色に溺れた。「リチャードの生涯はまるで烈しい狂乱の発作みたいなものだった」といわれている。

リチャードが即位すると、母エレアノールが、フランスで育ち英語がまるでわからないリチャードの補佐を務めた。

戴冠式を終えたリチャードは、イギリスに一年も滞在することなく、一一九〇年、母にすべてを託して第三次十字軍遠征に身を投じた。勇猛果敢なリチャードは「獅子心王」と讃えられた。

リチャード獅子心王（1157～99）
ヘンリー2世の3男。兄たちが早世したため即位。その治世のほとんどを十字軍遠征に費やして内政を怠ったため、1190年に弟ジョンに王権を脅かされることもあった。シャリュ城攻撃中に戦死した。91年にナヴァール王女ベランガリアと結婚したが、子には恵まれていない。

第3次十字軍遠征において進軍するリチャード　この途中の1191年、リチャードはキプロス島征服を果たし、ナヴァール王女ベランガリアと同島のリマソルで結婚している

リチャードの好敵手にして
イスラムの英雄サラディン

リチャードが最期を迎えたシャリュ城

しかし、残忍な性格のために恐れられ、サラセン人（イスラム教徒）たちは子どもを叱るときに「お黙り、さもないと人殺しのリチャードを連れてくるよ」と言って脅かした。

リチャードの帰国を待ちわびる母のもとに、驚くべき知らせが舞い込んだ。

リチャードは聖地奪回には失敗したが、聖地を占領したサラセン人の王サラディン（一一三八～九三）と和睦し、キリスト教徒の聖地巡礼の許可を取りつけた。ところが聖地からの帰途に、オーストリア公バーベンベルグ家のレオポルト五世（在位一一七七～九四）の捕虜となり、神聖ローマ帝国皇帝ハインリヒ六世（在位一一九〇～九七）に売り渡され、皇帝は十五万マルクという巨額の身代金を要求しているという。十五万マルクは国家の二、三年分の歳入に相当する。リチャードを聖地に送り出すために、すでに国庫も王室の金庫も空同然だったが、王母エレアノールは身代金集めに奔走した。そして一一九三年暮れ、身代金を荷馬車に積み、七十一歳の高齢をおして冬のアルプスを越えた。

一一九四年二月二日、聖母マリアのお清めの聖日に、リチャードは釈放され、母の胸に抱かれた。

それから五年後の春、リチャードは大陸の領地、リモージュ近郊のシャリュ城を攻囲していた。シャリュの農夫がローマ時代のものとおぼしき純金製の祭壇を掘りあてた。これを聞きつけたリチャードは、王の封土からの出土品は王に属すると主張して、農夫の領主に財宝の引き渡しを命じた。聖地から帰還して以来、リチャードは財政の立て直しに苦しんでいたのである。領主が財宝の引き渡しを拒んだために、リチャードはシャリュ城を攻めにかかった。そして塹壕《ざんごう》の様子を視察しているときに、弩《いしゆみ》から放たれた矢で肩を射られた。あっという間に壊疽《えそ》が全身に広がり、重篤《じゅうとく》に陥った。リチャードは、弟ジョン（一一六七～一二一六）を次期王に指名し、一一九九年四月六日、亡くなった。

ジョン王とヘンリー三世

アンジュー帝国を崩壊させ、欠地王と呼ばれたジョン王は破門され、反乱が勃発。王権を規制する「大憲章」調印を余儀なくされた。

花嫁略奪

ジョン王はグロスター伯爵の娘イザベラ（生没年不明）を妻に迎えたが、結婚後十年を経ても子に恵まれず、イザベラとの結婚を解消した。

その頃、ジョンは臣下のルジニャンのユーグの城に招かれた。王を迎えた家にユーグの許嫁、アングレーム伯爵エイマールの娘イザベラ（一一八八～一二四六）がいた。十二歳ほどのイザベラは、開花を待つ薔薇の蕾《つぼみ》のように可憐で、ジョンは一目惚れする。イザベラはアングレーム伯爵の跡取り娘。ポワティエからボルドーにいたるアングレームは、アンジューの心臓部を占め、戦略上でも重要な地であった。ユーグジョンは花嫁略奪を決行する。ユーグが城を留守にしている間に、イザベラを誘拐し、電撃結婚した。

激怒したユーグはフランス王フィリップ二世（王妃エレアノールの前夫ルイ七世の息子、一一六五～一二二三）に訴えた。フィリップはジョンを追いつめ、アンジュー家の城を預かる城代たちはフィリップに投降し、「アンジュー帝国」は崩壊した。一二〇四年、フォントブロー修道院に隠棲していた母エレアノールが亡くなった。八十二歳だった。不肖の息子のさらなる愚行を目にせずにすんだのはせめてもの救いだったろう。

大憲章調印

大陸の広大な土地を失った領主や貴族たちはジョン王に反目した。さらにジョンは、カンタベリー大司教の任命権をめぐってローマ教皇イノケンティウス三世（在位一一九八～一二一六）とも争っていた。教皇は教会の聖務を停止させ、ジョン王を破門。聖務停止と破門は、信仰心の薄いジョンにとって大きな痛手ではなかったが、国民に大きな影響を与えた。子どもが生まれても洗礼式を行えず、死者が出ても埋

ジョン王（1167～1216）
欠地王、失地王とも呼ばれる。兄リチャード獅子心王の遠征中にはフランス王フィリップ２世、神聖ローマ皇帝ハインリヒ６世の甘言にのせられ王位簒奪を目論むも失敗。1199年即位する。1203年には兄ジェフリーの遺児アーサー暗殺をめぐりフィリップ２世、またフランス諸侯と対立。敗北して大陸の領土の大半を失う。1215年、国内の支持をも失い、「大憲章（マグナ・カルタ）」に調印。一方で教皇とも対立し、やがて破門される。教皇と臣従関係を結ぶことによってこれを許された。

葬式を行えない。教会の鐘は鳴らすことはできず、礼拝も結婚式もできない。貴族と領主たちは一致団結してジョンを玉座から追放する動きを見せ、教皇もこれを支持した。

一二一五年、追いつめられたジョン王は、「大憲章《マグナ・カルタ》」に調印した。「大憲章」は国政の法基盤を記した憲法であるが、王権の大幅な規制を謳っていた。

その翌年、フランス王ルイ八世（一一八七～一二二六）が、妻ブランシュがヘンリー二世の孫であることを理由に、イギリスに侵略してきた。ジョン王はフランス王と交戦中、食した桃とビールが原因で赤痢に罹《かか》り、あっけなく死亡した。

ヘンリー3世（1206～72）
諸侯の反乱渦巻くなか、わずか9歳で即位。大憲章を承認し、貴族との関係を修復。20歳になると親政を始める。大陸領土の奪還を試み、莫大な軍事費をかけるが成果を得られず、諸侯の反感を買う。1258年にはシモン・ド・モンフォールら改革派の乱に敗北。捕らえられ「オックスフォード条例」を承認した。絵画は1804年、J・チャップマン画

ヘンリー三世即位

ジョン王の九歳になる長男が、ヘンリー三世（一二〇六～一二七二）として即位した。戦乱のなかの幼王を補佐しフランス軍を追い返したのはペンブルック伯爵ウィリアム・マーシャル（一一三六頃～一二一九）である。彼が八十歳の高齢で亡くなると、ヒューバード・ド・バラ（一二四三年没）が王を補佐した。

親政を始めた王は外国人（ポワトー人）を重んじ、ヒューバードと対立した。ヘンリー三世は中くらいの背丈で、ひきしまった体つきをしていた。片方のまぶたが垂れているために、奥の黒い瞳がよく見えなかった。体躯に精気をみなぎらせていたが、その心は蠟《ろう》のように溶けやすくて脆く、統治の才はまるでなかった。

ヘンリー三世は、三十歳の頃に、プロヴァンス伯爵の娘エレアノール（一

一二二四〜九一）の噂を耳にした。詩作の才に秀でているというエレアノールの詩を読んだヘンリーは心を動かされ、求婚するために使者をプロヴァンスに派遣した。プロヴァンス伯爵は貧しく、財産は美貌に恵まれた五人の娘だけ。ヘンリーは持参金のことで結婚交渉が暗礁に乗り上げていることを知ると、「持参金のことなどどうでもよい。早く決着をつけよ」と命じた。

一二三六年一月、ヘンリー三世は、大勢の供を従えたエレアノール姫をドーヴァー港で待ちうけ、カンタベリー大聖堂で結婚式をあげた。エレアノールは小さな王冠《ティアラ》をかぶっていた。ティアラの習慣はこのエレアノールに始まる。エレアノールはティアラを九つも持っていた。

領主・貴族たちの反乱

王妃とともにイギリス入りした大勢のプロヴァンス人たちは帰国せずに王妃の取り巻きとして居残り、国政に口を挟むようになる。宮廷はフランス人であふれかえり、イギリス人たちは「イギリスをイギリス人の手に」と声を荒げた。また、「大憲章」の趣旨に反して、対外政策に必要な資金を集めるために、王は貴族たちから金銭を徴収したため、国王と領主・貴族たちの争いが再燃した。

一二五八年、国王に愛想をつかした貴族たちは武装してオックスフォードに集結し、レスター伯爵シモン・ド・モンフォール（一二〇八頃〜六五）のもとで、王の権力をさらに制限する「オックスフォード条例」を作成し、ヘンリー三世に同意を求めた。ヘンリーが拒否したために、貴族たちは兵を起こした。

一二六四年、王は敗北し、「オックスフォード条例」に署名した。「オックスフォード条例」により、王でさえ法を遵守しなければならないという考えが根付いた。

翌年、ヘンリー三世の名において議会が召集された。各州から二名の騎士と、各自治都市から二名の代表が選ばれて議会が開かれ、国政を論じた。こうして、のちの下院の萌芽が生まれたのである。

ヘンリー三世はエドワード懺悔王を崇敬していたため、長男が生まれると、懺悔王にちなみ、エドワード（一二三九〜一三〇七）と名づけた。ウェストミンスター寺院を、フランスのアミアン大聖堂やサン・ドニ修道院に負けない美しい聖堂にしたいと願い、再建に着手し、聖母マリアの礼拝堂やエドワード懺悔王を記念する礼拝堂を増築した。

一二七二年十一月十六日、ヘンリー三世は病没し、改修中のウェストミンスター寺院に埋葬された。エレアノール王妃はさらに十九年生き延び、六十七歳で亡くなっている。

エドワード一世

The History of British Monarchy—1 ◉ 愛し愛された騎士道の華

王たる優れた資質をもった騎士エドワードの戴冠に、国土は平安を取り戻した。ウェールズを平定し、スコットランド征服に向かうが……。

エドワード一世即位

ヘンリー三世が亡くなったとき、皇太子エドワードは妃エレアノール・オブ・カスティリア（一二四四〜九〇）とともに、聖地イェルサレムに遠征していた。エドワード王子は威風堂々とし、騎士の鑑《かがみ》のような若者だった。背が高く、広い額と厚い胸が王子の威信を高めていた。乗馬に適したがっしりした長い脚、敏捷な動きの長く太い腕、剣さばきも見事だった。父王に似て、左瞼が幾分傾斜していた。雄弁ではなかったが、熱をこめて語るときは、とても説得力があった。

一二七二年夏、エドワード王子はアッカーを攻め落とした。アッカーに滞在中に、エレアノールは次女ジョアンを産んだ。帰途にシチリアで冬を過ごしているときに、イギリスに残してきた五歳の長男ジョンと三歳の次男ヘンリーが病気で亡くなったとの知らせが入る。追い討ちをかけるように、ヘンリー三世の訃報が届いた。皇太子が傍目にも痛々しいほど嘆き悲しむさまに、シチリア王シャルル・ダンジュー（フランス王シャルル九世とカスティリア王女ブランカの子、ヘンリー二世妃エレアノールの曾孫、一二二七〜八六）が尋ねた。

「お子たちのご不幸を果敢に受けとめられたあなたが、父王の不幸にこれほどお嘆きになるとは思いもよりませんでした」

エドワードは答えた。

「息子たちを失った不幸は、神さまがふたたび贖《あがな》ってくださいましょう。しかし、よき父を失ったら、神さまは二度とお恵みくださいません」

エドワードはシチリア滞在中に、イギリス王位継承を宣言した。エドワードが王としての優れた資質に恵まれていることを知っていたので、国民から不満の声はあがらなかった。エドワード一世となった皇太子の一行が帰国し

エドワード1世（1239～1307）
1265年には軍を率いて父王を助け、改革派の諸侯たちを鎮圧、実権を掌握した。知勇兼ね備え、行政組織を整え封建関係を再整理して王権の強化を図るとともに、領土奪還のため、大陸、ウェールズ、スコットランドへ侵攻した。1282年にはウェールズを、96年にはスコットランドを降した。1306年、スコットランド王を称するロバート・ブルースの反乱鎮圧へ向かう途中で没した。絵画は1782年にアンジェリカ・カウフマンによって描かれた、1272年、暗殺者に毒の短剣で突かれ、王妃エレアノールの懸命な看護によって一命をとりとめたエドワードに駆け寄るエレアノール

たのは、即位宣言から二年後の一二七四年だった。この間、イギリスの秩序が保たれていたのは驚くべきことである。

ウェールズ平定

エドワード一世の野心はウェールズを平定し、スコットランドを征服することだった。ウェールズの地形は荒涼とし、気候は厳しい。ウェールズ人はケルトの血を誇りにし、イギリス王に膝を屈することを潔《いさぎよ》しとせず、臣従の誓いも拒んでいた。一二八二年、エドワード一世はウェールズに進軍し、君主ルウェリン・アプ・グリフィズ（一二二八頃～一二八二）を破った。

翌年の春、新築したばかりのカナーヴォン城で、エレアノール王妃は男子を産んだ。子は父にちなみエドワード（のちのエドワード二世、一二八四～一三二七）と名づけられた。エドワード一世はウェールズ人の乳母を雇い、

エドワード王子をプリンス・オブ・ウェールズとして産み育てたカナーヴォン城
現在もプリンス・オブ・ウェールズの任官式はこの城で行われる

王子を育てさせた。独立不羈《どくりつふき》のウェールズ人には直属の長に忠誠を尽くす傾向がある。そこで、ウェールズで生まれた王子にプリンス・オブ・ウェールズの称号を授け、ウェールズ人の乳母に育てさせ、ウェールズの主とし、王の威令がウェールズにゆきわたるようにした。

愛する王妃の死

ウェールズを平定したエドワードは、次にスコットランド遠征に野望を燃やし、一二九〇年、北に向かった。王妃も一足遅れて夫のあとを追ったが、リンカン州のグランサム近くまできたとき、風邪をこじらせ、重体に陥った。エドワードは引き返し、昼夜をわかたず馬を走らせたが、王妃の最期に間に合わなかった。五十歳だった。

エドワードは王妃の心臓をリンカン大聖堂に埋葬すると、遺体をウェストミンスター寺院に移送した。そしてリ

途上で死したエドワード1世の遺体を運ぶ一行
（19世紀、ウィリアム・ベル・スコット画）

ウェストミンスター寺院のエレアノールの彫像

ンカンからロンドンまで、王妃の葬列が止まった十二ヵ所に、ゴシック式の十字塔を建て、王妃の冥福を祈った。ゲディントン、ハーディングストーン、そしてロンドンのウォルサムの三つの十字塔が現存する（ロンドンのチェアリング・クロス駅前の十字塔は、一八六三年に再建されたものである）。

エドワードとエレアノール王妃は仲睦まじく、十六人もの子どもに恵まれたが、四男エドワード王子と四人の娘しか成人しなかった。

一三〇六年、スコットランドで反乱が起き、首謀者ロバート・ブルース（一三二九年没）がスクーンで王位を宣言した。エドワード一世は老齢をおして北に向かったが、途中で力つき、引き返した。翌年、エドワード一世はまたも北上したが、国境近くで倒れ、七月七日、世を去った。

エドワード二世

The History of British Monarchy—1 ◉ 麗しの王妃イザベラによる寵臣惨殺

王の寵臣の惨殺事件、事件の首謀者の怪死、敗戦、大飢饉……。史上最悪の王と呼ばれたエドワードは王妃の策略のもとに幽閉され、獄中で最期を迎える。

エドワード2世（1284～1327）
「プリンス・オブ・ウェールズ」の称号を与えられ、1307年に即位。1312年にはスコットランドに独立を許す。失策、寵臣の登用などから諸侯の反発を深め、妻イザベラとロジャー・モーティマーを中心とする勢力によって廃位させられた。絵画は1872年、M・ストーンが描いた「エドワード2世と寵臣ギャヴスタン」（左方）。

寵臣ギャヴスタン処刑

エドワード一世の後を継いだ四男エドワード二世（一二八四～一三二七）は、フランス王フィリップ四世（一二六八～一三一七）とナヴァール女王ジャンヌ（一二七三～一三〇五）の娘イザベラ王女（一二九二～一三五八）を妻にむかえた。美顔王と賞賛されたフィリップの娘だけに、容姿端麗、匂うような美しさをたたえ「麗しのイザベラ」と呼ばれていた。

エドワード二世とともにイギリス入りした王妃イザベラは、夫と寵臣ピエール・ド・ギャヴスタン（一二八五

頃～一三一二）がただならぬ関係にあるのを見抜いた。王と同い歳のギャヴスタンはガスコーニュ出身の騎士の息子で、十歳のときに学友に選ばれた。頭の回転が速く、頓知《とんち》がきき、軽口やふざけでエドワードを楽しませ、王とは兄弟以上に親密な仲になっていた。エドワードはギャヴスタンを寵愛し、彼を王の長男に与えられるコーンウォール公爵に叙し、宮内庁長官に任命した。

やがて、王妃イザベラの周囲には、ヘンリー三世の次男のランカスター伯爵トマスを中心に、反ギャヴスタン勢力が集まるようになる。ランカスター伯爵は反ギャヴスタンの貴族たちを結集して反旗をひるがえし、王とギャヴスタンを捕らえ、ギャヴスタンを処刑した。ギャヴスタンが処刑されてから半年後、イザベラ王妃はすこやかな男児を産み、エドワードと名づけた。

その後、おぞましい事件が次々と起きた。ギャヴスタンを処刑したウォリック伯爵グゥイ・ド・ピーチャム（一二七二頃～一三一五）が一三一五年に怪死をとげ、エドワード一世が征服したスコットランドのスターリングはロバート・ブルースに奪い返された。エドワード二世は軍を率いて北上したが、一三一四年六月、バノックバーンの戦いで、戦術に長《た》けたスコットランド軍に大敗する。追いうちをかけるよ

スコットランド、スターリングに立つロバート・ブルース（1274～1329）像
スコットランド名門貴族に生まれ、エドワード1世、2世にたびたび反旗をひるがえした。1304年にはエドワード1世にスコットランドをほぼ掌握されるも、その2年後にはスコットランド王ロバート1世を名乗り、07年よりゲリラ戦を展開。歴戦に勝利し29年にエドワード3世と正式に和睦し、王権を確立した

うに、かつてない深刻な飢饉《ききん》が全国を襲い、王族でさえ日々の食べ物にことかく悲惨な状態に陥った。

寵臣スペンサー父子処刑

飢饉は三年も続いた。この間にエドワード王はギャヴスタンの代わりを見つけ、ウィンチェスター伯爵ヒュー・ド・スペンサー親子（故ダイアナ妃の祖先、父一二六一年誕生、子一二八六年頃誕生）を寵愛した。ギャヴスタン時代の悪夢が繰り返されることとなる。

イザベラ王妃は皇太子エドワードを味方につけて、夫の廃位とスペンサー親子の失脚を狙って精力的に動き始めた。王妃は反スペンサー勢力を束ねるマーチ伯爵ロジャー・モーティマーを身辺近くにはべらせ、公然と親密な関係を持った。王妃はフランスで傭兵を集めてモーティマーに委《ゆだ》ね、一三二六年、スペンサー（父）を捕らえて即座に処刑した。同年十一月、ウェールズ

王が最期を遂げたバークレイ城のエドワード２世の独房

のグラモーガンで、スペンサー（息子）をエドワード二世とともに捕らえ、スペンサーを処刑し、王をケニルワース城に幽閉した。さらに、王はブリストル北のバークレイ城に移され、その牢獄で不幸な最期をとげた。

一三二七年一月、イザベラ王妃によって招集された議会はエドワード二世を廃位し、皇太子エドワード（一三一二〜七七）を後継者に指名した。三年後の一三三〇年、十八歳になったエドワード三世は政治を壟断《ろうだん》した王妃の愛人モーティマーを反逆罪で裁判にかけ、絞首刑に処した。モーティマーの遺体は引き裂かれたあと市中を引きずりまわされた。こうして、イギリス史上最悪の王の時代は幕を閉じた。

エドワード三世は、母イザベラを大切にした。子としての義務もあったが、次の章で述べるように、フランス王の娘イザベラに長生きしてもらわなければならない理由があったのだ。

王妃エレアノール、最後の賭け

1200年1月、王妃エレアノールは67歳の高齢をおして、ピレネー山脈越えに挑戦した。目的地のカスティリア王国に着いたのは1月の終わりだった。異例の早さである。カスティリア王に嫁いだ娘エレアノール（母と同名）には、結婚適齢期の娘が3人いた。3人の孫娘たちのうちフランス皇太子ルイの花嫁としてどの娘がもっとも相応しいか品定めをし、フランスに連れて行くためだった。フランス王フィリップ（前夫ルイ7世の息子）と、イギリス王ジョンは争っており、出来そこないの息子ジョンがアキテーヌを奪われるのは目に見えていた。一日も早く和平にこぎつけ、父祖伝来の土地アキテーヌを自分の血を引く者の手に渡さなければならない。エレアノールはわざわざパリに出向き、フィリップに臣従の礼をとり、皇太子ルイに孫娘を嫁がせる約束をして、フランスを後にした。エレアノールは3女のブランカを選んだ。美しく知的で王妃に相応しい素質を備えていた。

1200年5月、フランス皇太子とブランカ（仏語名ブランシュ）の結婚式がノルマンディのポール・モイールで催された。結婚式にエレアノールの姿はなかった。これ以上の旅は体力がゆるさず、隠棲するフォントブロー修道院に戻ったのである。

目をつぶれば、ブランカの晴姿がまぶたにくっきりと描かれる。イギリスとフランスの確執は、エレアノールがルイ7世と別れ、アンジュー伯爵ヘンリーと結婚したことに端を発する。ふたりの王は世を去り、10人の子どもたちも、ジョンと娘エレアノールを除いてみな亡くなった。彼女に残された仕事は、英仏の確執に終止符を打つことである。フランス王妃の王冠はブランカの頭上で輝き、英仏の王室には、彼女の血が脈々と流れてゆくであろう。成すべきことは為した。それから四年後、エレアノールは静かに世を去った。

ボルドーのサン・スラン寺院のステンドガラスに描かれたブランカと夫ルイ８世
カスティリア王アルフォンソ８世の娘ブランカ（1188～1252）は1226年に夫が他界すると、のちに聖王と呼ばれることとなる息子ルイ9世の摂政として国をよく治め、長く政権を維持し、国内の封権諸侯やイギリスと戦いながら王領の拡大に努めた

第二部

百年戦争と薔薇戦争

ウェストミンスター寺院

エドワード三世

The History of British Monarchy—2◎英仏百年戦争の英雄

フランス王位、フランドル領をめぐり、英仏百年戦争が勃発。英邁の誉れ高き嫡子エドワード黒太子率いるイギリス軍は勝利を重ねてゆく。

フランス王位継承権

エドワード三世は母イザベラに孝を尽くした。母に長生きしてもらわなければならないわけがあったのだ。

エドワードが即位した翌年、母の弟でフランス王シャルル四世（一二九四〜一三二八）が子のないまま世を去り、亡きフランス王フィリップ四世の弟ヴァロア家のシャルルの子が、フィリップ六世として即位した。フランスでは女性の王位継承は認められていないが、女性が相続権を息子に継承できるか否かについてはあいまいだった。エドワード三世はフィリップ四世の娘イザベラの息子である。そこで、エドワードはフランスの王位継承権を主張した。フランスの王位継承権を得るまで、母イザベラには生き長らえてもらわねばならない。イザベラは幽閉から二十八年後に、六十二歳で世を去った。

妻フィリッパ

エドワード三世が妻のフィリッパ（一三一四〜六九）に出会ったのは、皇太子時代の十五歳のとき。フランドル（現在のベルギー西部、オランダ南西部、北フランスの一部）のエノー伯爵家に滞在中だった。エノー伯爵ギヨームの娘フィリッパは背がすらりとして高く、薔薇色の頬をした健康美に輝く女性だった。エドワードはフィリッパに魅せられ、結婚を申し込んだ。

エノー伯領は、羊毛を輸出するイギリスの貿易の重要な相手国。国民はエノー伯爵の娘フィリッパ王妃を歓迎した。一三三〇年六月、フィリッパはエドワード王子（一三七六没）を産んだ。褐色の肌の、健康で美しい子だった。この王子は、のちにフランスとの戦争で武勇を発揮し、身につけた黒い鎧兜から、黒太子《ブラックプリンス》と呼ばれることになる。

当時、王侯貴族の夫人は、母乳で子を育てず、乳母を雇ったが、フィリッパは十二人の子を産み、すべて母乳で

エドワード3世（1312～77）

父エドワード2世をクーデタで廃し、1327年に即位。フランス王シャルル4世が他界するとフランス王位を主張。33年のスコットランド侵攻の際、スコットランド王がフランス王のもとへ逃れ、英仏間の亀裂は決定的となる。37年、百年戦争勃発。勝利を重ね、60年にはフランス王位継承権の放棄と引換えに広大な領土を獲得するが、69年よりフランス王シャルル5世により奪還される。写真は1788年にベンジャミン・ウェストによって描かれた「1346～47年のカレー開城において市民の命を助けるようエドワード3世に懇願する王妃フィリッパ」。

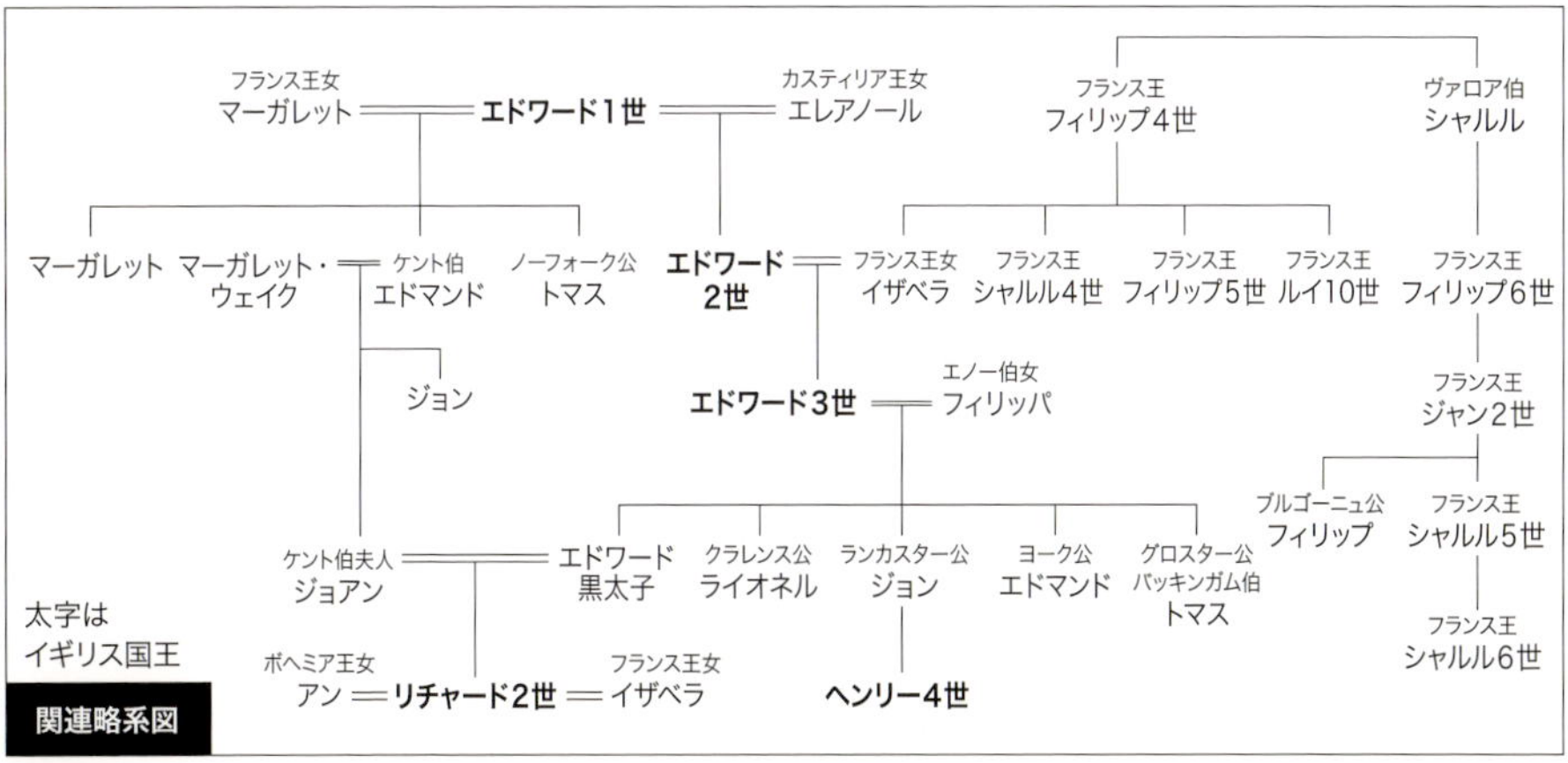

勇猛の名を轟かせた黒太子エドワード（1330～76）

育てた。授乳する王妃の姿は、当時流行した「授乳の聖母」の聖画のモデルになった。

祖国が織物工業で繁栄するさまを目にして育ったフィリッパは、イギリスは羊毛を輸出するだけでなく、自国で織り、輸出すべきであると考えた。そして、織物工業組合をつくり、フランドルから大勢の職工を良い待遇で招き、毛織物工業を導入した。マンチェスターは織物工業で繁栄した。また、フランスの歴史家ジャン・フロワサール（一四〇一年没）を招き、年代記を編纂させた。イギリスの人びとはこう言って王妃の業績を讃えた。

「エドワード三世とエノー伯爵家のフィリッパ王妃の御世はほむべきかな。イギリスに毛織物工業をもたらした」

百年戦争勃発

エドワード三世がフランスの王位継承権を主張すると、フランスは、ガス

ヴァロワ朝初代のフランス王フィリップ6世（1293～1350）
国内の人気も篤く1328年に即位し、37年にイングランド王エドワード３世に宣戦布告され、内部統治に手を焼きつつ応戦した。

百年戦争前期（1339～60年頃）

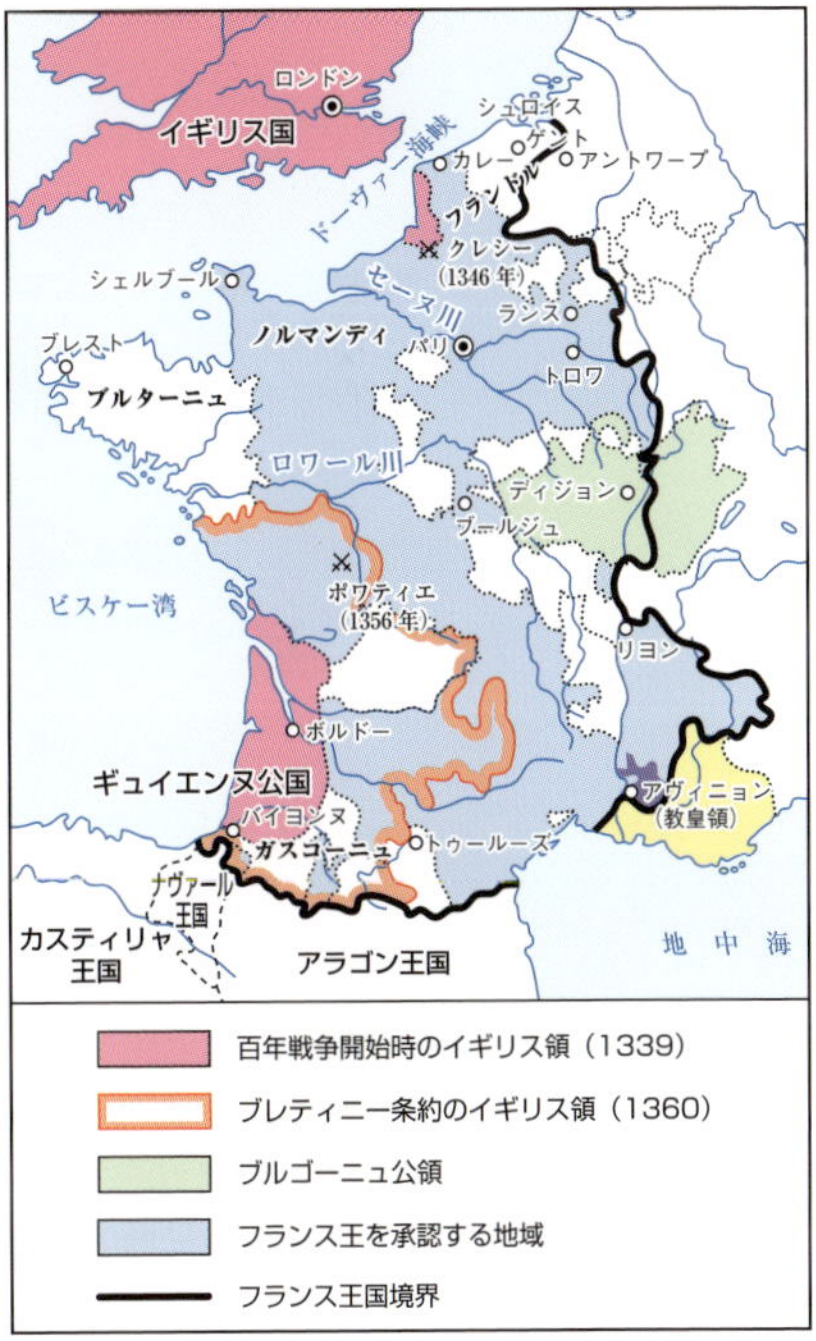

コーニュ地方の没収と、フランドル地方の併合を宣言し、ギュイエンヌに侵攻した。このときから、約百年におよぶ英仏百年戦争に突入する。戦争は切れめなく続いたわけではなく、和平や休戦の時期もあった。

ギュイエンヌがフランスに併合されれば、イギリスの織物工業も羊毛産業も大打撃を受ける。王室は毛織物にかけた税に歳入を依存していた。イギリスの商人たちはフランドルを取られては「商売があがったりだ」と、王に二万袋の羊毛を提供した。フランドルの商人たちも、イギリスと貿易できなくなるのを恐れて、軍資金を提供した。

一三三七年十一月、エドワード三世はフランスに宣戦布告し、百年戦争が始まった。遠征隊のなかには、フィリッパ王妃の姿もあった。エドワードはアントワープとゲントを足がかりに、フランス戦を展開した。フィリッパはアントワープで三男ライオネル（一三

ポワティエの戦い（ドラクロワ画）
1356年9月19日、エドワード黒太子率いるイギリス軍とフランス王ジャン2世率いるフランス軍は激突。ジャン2世とまだ幼い、のちのブルゴーニュ公爵フィリップ、それを取り囲むイングランド兵の奮戦が描かれている

三八～六八）を（次男は早世）、ゲントで四男ジョン（一三四〇～九九）を出産した。このゲント生まれのジョン（ジョン・オブ・ゴーント）の息子がのちにイギリス王ヘンリー四世（一三六七～一四一三）となる。

一三四〇年、イギリス軍はオランダ南西のシュロイス沖の海戦で、一三四六年には、ノルマンディ北のクレシーで大勝利した。この戦いで、イギリスは初めて大砲を使用したといわれている。しかし、馬を驚かす程度の力しかなく、弓隊のほうがはるかに勝っていた。

クレシーの戦いから十年後のポワティエの戦いでは、フランス王ジャン二世（一三五〇年即位）を捕虜にし、イギリスに凱旋した。『英国史』の著者アンドレ・モロワはこう記している。

「イギリス全土はフランスからのぶん捕り品で満たされた。どんな女でもみな何かしらのフランス製の装飾品を身

につけていたし、だれもが、リネンとか台つき杯とか戦利品の一部を持っていた」
　この頃、たび重なる遠征の費用を捻出するために、数度にわたって議会（上院と下院）が開かれ、ここから本格的な議会制が萌芽する。その一方で、イギリスは一三四九年に襲われた黒死《ペスト》病のために人口が半減し、経済危機、国家的危機に見舞われる。

ガーター騎士団の創設

　エドワード三世は、クレシーの戦いの勝利を祝して、イギリスの守護聖人、聖ジョージへの献身を精神的支柱にしたガーター騎士団を創設した。「ガーター」の名称には次のような伝説が伝えられている。

「フェア・メイド・オブ・ケント」と呼ばれ、絶世の美女と喧伝されるケント伯爵夫人ジョアン（エドワード一世と二番目の妃マーガレットの孫）が、エドワード三世が催した大舞踏会で靴下止め（ガーター）を落とした。それを目にした王は靴下止めを拾ってさりげなく自分の左脚にはめた。それから、好奇の目で眺める宮廷人たちに言った。

「これを悪しく思う者には災いあれ」

　こうして、「他人の窮地に昂然と立ち向かい、たすけることを精神」にした騎士団が生まれた。

　勇気と健康と美に恵まれ、多くの子を産んだフィリッパ王妃は晩年には健康を害し、水腫に悩まされた。ついに一三六九年八月十四日、聖母マリアの被昇天の日（聖母マリアが天国にあげられた日）に、不帰の人となった。五十五歳だった。

　フィリッパを失ったエドワード三世は悲しみの底に沈むあまり、愛人アリス・ペラーズ（一四〇〇年没）に溺れ、国政をないがしろにしてしまう。アリスとの間には、すでに三人の子が生まれていた。国王が悲嘆にくれている間に、カレー、ボルドー、バイヨンヌ、ブレスト、シェルブールなどを除いて、大陸の領土のほとんどをフランスに奪い返された。一三七六年に、黒太子が赤痢のために他界した。翌年、エドワード三世は息子の後を追うかのように脳出血で世を去った。王の枕元に最後まで付き添っていたアリスは、王が息を引き取るや、王の指から指輪を抜き、王室の宝石箱からめぼしいものを奪って宮殿を後にした。

　黒太子の息子リチャード（一三六七〜一四〇〇）がリチャード二世として王位に就く。

リチャード二世

The History of British Monarchy—2● ヘンリー四世による王位簒奪とランカスター朝創始

重なる失政に立ち上がった煉瓦工ワット・タイラー、野心高き叔父とその子ヘンリー（のちの四世）の反乱が相次ぎ、とうとう王は幽閉されてしまう。

花開く文学

リチャード二世が即位したとき、前王エドワード三世の息子のなかで生き残っていたのは、四男ランカスター公爵ジョン・オブ・ゴーント、五男ヨーク公爵エドマンド・オブ・ラングリー（一三四〇～一四〇二）、そして、八男グロスター公爵兼バッキンガム伯爵トマス・オブ・ウッドストック（一三五五～九七）の三人である。四男ジョンと八男トマスは敵対しあっており、摂政には温厚な性格の五男エドマンドが選ばれたが、王の叔父たちが摂政の座をめぐって争い、血で血を洗う私闘を繰り広げていた。

リチャード二世は優れた知性の持ち主で、「英詩の父」ジェフリー・チョーサー（一三四〇頃～一四〇〇）や『農夫ピアスの夢』の著者ウィリアム・ラングランド（一三三〇～一四〇〇頃）を庇護した。

『カンタベリー物語』の著者として名高いチョーサーは、リチャード二世の外交官としてイタリアのジェノヴァやフィレンツェを訪れ、公務のかたわら、ルネサンスの人文学を吸収して帰国し、『名声の館』や『鳥類の議会』などを発表。パトロンのジョン・オブ・ゴーントの妻ブランシェ（一三九六年没）が亡くなったときには、『公爵夫人の書』を上梓して夫人の死を悼んだ。ブランシェは、チョーサーが「白の貴婦人」と賞賛したほど美しい人だった。彼女はランカスター公爵のたった一人の相続人で、父の亡きあと、夫ジョンがランカスター公爵位とその広大な領地を継ぐこととなる。

代表作『カンタベリー物語』をはじめ、チョーサーはすべての作品を被征服者の言葉である英語で書き、英語が文学の言葉として立派に通用することを実証してみせた。そのために、「英詩の父」といわれている。

オックスフォード大学の神学者ジョ

リチャード2世（1367～1400）
エドワード黒太子の嫡男として生まれ、11歳で即位。はじめ叔父ランカスター公爵らの補佐を受け、1381年のワット・タイラーの乱鎮圧後より親政をはじめる。意志薄弱で流されやすく、民心を失い、99年に蜂起したヘンリーに敗れて廃位、幽閉された。妻アンが他界すると、フランス王シャルル6世の娘と結婚した。写真は1390年代半ばに王のために作成されたもの。

ヘンリーに王冠と王笏を手渡すリチャード王

短剣でひと突きされるワット・タイラー（左方）とリチャード王（中央）

ン・ウィクリフ（一三三〇頃～八四）は王室の庇護を受け、ラテン語の新約聖書を英語に翻訳する事業を始めた。ウィクリフは、聖書は信仰と救いに関する最高の権威であると信じ、イギリス人のすべてが聖書を読めるように願った。ウィクリフに従う人びとは「ロラード」（祈りの人という意味）と呼ばれた。彼の死後の一四一五年、コンスタンツ宗教会議で、ウィクリフは異端と宣言されたが、ウィクリフは新約聖書の英訳を終えていた。

ワット・タイラーの乱

リチャード二世は性格が弱く、発作的に行動する奇癖の持ち主だった。王族・諸侯・市民の支持を失い、頻発する反乱に悩まされ続けた。即位から三年後には、財政が逼迫したために、貧富の区別なく国民からあまねく税を徴収する人頭税を導入したが、徴税の段階で、下に重く上に軽い不公平税であることが判明し、各地で暴動が起きた。

一三八一年六月、エセックスの煉瓦工ワット・タイラーに率いられたケントとエセックスの労働者と農民が大挙してロンドンに押し寄せた（ワット・タイラーの乱）。

六月十五日、弱冠十四歳のリチャードは雄々しくも、ロンドン近郊のスミスフィールドの馬市で反乱軍と対峙する。このとき、ロンドン市長ウィリアム・ウォールワース（一三八五年没）がワット・タイラーめがけて突進した。人びとが気がついたとき、ワット・タイラーは、市長の短剣のひと突きでどさりと馬から落ち、落命していた。それを見た農民兵は弓を引き絞り、すばやく戦闘態勢に入った。リチャード王はかれらにむかって冷静に言った。

「わたしは王だ。静まれ。おまえたちの要求する自由権を承認しよう」

反徒たちは歓声をあげながら、スミスフィールドを立ち去った。しかし、リチャードは約束を守らなかった。王命を受けた法務官が州から州をめぐり、各地で血生ぐさい裁判と処刑を展開したのだ。

王位簒奪

一三九九年初め、王妃のアン（ボヘミア王の娘、一三六七〜九九）とのあいだに子をもうけることができないリチャード二世にたいして、叔父ランカスター公爵ジョン・オブ・ゴーントが王位継承を主張した。目障りな存在だった公爵が亡くなると、王は叔父の広大な公領を没収する。公爵の息子ヘンリー・ボリングブルック（一三六七〜一四一三）はノッティンガム伯爵モウブリーとの決闘騒ぎのために、国外に追放されていた。

ヘンリーは父に代わって王位継承を主張し、領地の返還を強く求めた。ヘンリーは召し上げられた領地の奪回を誓い、反乱軍を組織する。リチャード二世がアイルランドに遠征している間に、亡命先のパリを出発して、ヨーク州のラヴェンスパーに上陸。北の覇者パーシー一族をはじめ多くの貴族がヘンリーに加勢した。ヘンリーはアイルランドから帰還するリチャード二世をウェールズで待ち受け、ロンドンに連行した。ロンドン市民はヘンリーを歓迎し、王に罵声を浴びせ、ごみを投げつけた。王の稚拙な統治に怒りを覚えていたのだ。ヘンリーは王をロンドン塔に投獄し、議会の推挙を受けてヘンリー四世として即位した。

ヨークのポンティクラフト城に幽閉されたリチャードは、一四〇〇年二月十四日、死去した。三十二歳。死の原因は不明。餓死説、惨殺説がある。

ジョン・オブ・ゴーントは義父である初代ランカスター公爵の死後、ランカスター公爵を名乗っていた。よって、ヘンリー四世からその孫ヘンリー六世までの時代はランカスター王朝と呼ば

ヘンリー4世（1367～1411）
ランカスター公爵ジョン・オブ・ゴーントの嫡男。1390～92年にはドイツ騎士団のリトアニア遠征に参加。98年、パリに追放され、翌年に父が他界し公領を没収されると、クーデターを起こし王位を簒奪した。自国の安定に努めたが、リチャード2世の幻影に終生悩まされた。

ヘンリー4世の父ジョン・オブ・ゴーント

れることになる。

ヘンリー四世はリチャード二世と対照的だった。リチャードは背が高く金髪に青い眸の持ち主で、繊細な感情、美的感覚にすぐれていて、宗教心が篤かったが、性格が弱かった。ヘンリーは美貌からはほど遠く、背は低くずんぐりむっくりしていたが、変幻自在、自分の得になることならいかなることもやってのけた。

正統の王リチャード二世を廃して王座についたヘンリー四世の王位の正当性はあいまいで、彼の王権を否定する勢力が活発だったため、国内統一の戦いを続けた。以前のどの王よりも議会に頼らなければならなかったので、議会の力が増した。晩年のヘンリー四世はリチャード二世の幻影におびえ、王位簒奪を後悔した。頭ジラミと皮膚病に苦しめられたが、当時、王の皮膚病はハンセン病と考えられた。一四一三年、脳出血のために亡くなった。

百年戦争終結

The History of British Monarchy—2◉英傑ヘンリー五世の死とジャンヌ・ダルク登場

ヘンリー五世率いるイギリスは大勝利を得るが、フランス王位に手が届く寸前で王は他界。敵軍の猛追のなか幼王を戴いたイギリスは敗北を重ねる。

イングランド軍が大勝したアザンクールの戦い　1415年10月25日の霧深い早朝、両軍は激突した。

アザンクールの英雄

ヘンリー四世の長男がヘンリー五世（一三八七～一四二二）として父の後を継ぐと、父王の時代には互いの内憂のために（フランスでは王弟オルレアン公爵が暗殺され、貴族たちはオルレアン派のアルマニャック党と公爵を暗殺したブルゴーニュ党の二派に分かれて抗争）小康状態にあったイギリスとフランスは再び戦闘状態に入る。

一四一五年八月、ヘンリー五世は二万の兵を引き連れて海を渡り、カレーへ向かう途中の十月、アザンクールで、イギリス軍の四倍ものフランス軍に迎撃されたが、三時間の戦いの後、弓術隊の作戦が功を奏し、大勝利をおさめた。イギリスはノルマンディとアンジューをはじめとするかつての所領を取り戻した。

一四二〇年、トロワで休戦条約（トロワ条約）が結ばれ、ヘンリー五世は占領した地域の保有と、シャルル六世没後のフランス王位継承者をヘンリーとすることを取り決め、シャルル六世の娘カトリーヌ（英語名キャサリン、一四〇一～三七）を妻にむかえた。イギリスに凱旋した国王を国民は熱狂して歓迎した。

翌一四二一年、フランス皇太子シャ

ヘンリー5世（1387～1422）
父王ヘンリー4世を助けよく補佐し、国の安定に努めた。1411年、父の後を受けて即位。14年にアキテーヌ、アンジューの返還、フランス王位を要求し翌年にノルマンディに上陸。アザンクールの戦いで大勝利を挙げる。20年にシャルル5世亡き後はフランス王位を与えられるというトロワ条約締結にこぎつけるも、夢達成目前に他界した。

フランス王シャルル7世（1403～61）
母イザボーと対立し、トロワ条約締結の際には廃嫡寸前となるも、ジャンヌ・ダルクと出会い王位を継承。フランスを勝利に導いたが、自分以上の人気を得だしたジャンヌをイギリスに売り渡した

ルル（のちのシャルル七世、一四〇三～六一）がスコットランド軍の加勢を得てイギリス軍を打ち破った。この戦闘で、ヘンリー五世の弟クラレンス公爵が戦死し、フランス軍からも一万人近くの戦死者が出た。

戦闘の最中、同年十二月、ヘンリーは陣地で、王妃が男児を出産した知らせを受けた。けっしてウィンザー城でお産をしてはならぬと言い付けて海を渡ったが、初めての子がウィンザー城で生まれたことを知り、顔を曇らせた。

占星術に凝《こ》っていたヘンリーは、王妃の出産予定日の頃に、ウィンザー城に不吉な運命がふりかかるとの予言を得ていたのであった。ヘンリーは言った。

「われモンマス（ウェールズの南東）生まれのヘンリーは、その統治は短いが、多くを手に入れる。だが、ウィンザー生まれのヘンリーは長い統治の末に、すべてを失うであろう」

この不吉な予言は的中した。

一四二二年八月三十一日、ヘンリー五世はパリ近郊のボア・ド・ヴァンセンヌ城で赤痢のために死亡した。三十五歳。フランス王位に即くことなく亡くなった。その六週間後、フランス王シャルル六世も世を去ったのである。

百年戦争終結

ヘンリー五世が亡くなったとき、ヘンリー六世（一四二一～七一）はわずか生後八ヵ月。議会は、ヘンリー五世の弟ベッドフォード公爵ジョン・オ

1429年、イギリス軍に勝利しオルレアンに入城するジャンヌ・ダルク

ブ・ランカスター（一三八九〜一四三五）を摂政に指名した。

やがて、英仏戦争が再開され、ベッドフォード公爵はロワール川以北の大半を占領。それから、オルレアンの包囲を開始した。一方のシャルル七世は勝ち目がないとみて弱気になっていた。

そこへ、ジャンヌ・ダルク（一四一二〜三一）が登場する。ジャンヌは、神がフランスを救うために遣わした使者だと主張した。白い鎧に身を固めたジャンヌはフランスのためにイギリス軍と激しく戦い、オルレアンの包囲を解いた。そして、シャルルをランス大聖堂で戴冠させた。しかし、ジャンヌはブルゴーニュの兵士に捕えられ、イギリス側に売り渡されてしまう。シャルルはジャンヌを助けるために指一本あげなかった。彼女の国民的人気に嫉妬し、邪魔に感じていたのである。一四三一年、ジャンヌは魔女裁判にかけられ、ルーアンで火刑に処せられた。

一四四四年五月、英仏の間に二年間の停戦協定が結ばれ、ヘンリー六世とアンジュー公ルネの娘マーガレット（一四三〇〜八二）の結婚が成立した。

大陸のかつての所領を獲得するという危険な夢を四代にわたって追いつづけたツケは経済疲弊と政治の混乱となってイギリスに重くのしかかった。一四五三年、イギリスは、カレーを除いて、フランスに所有するすべての領土を手放した。こうして、百年戦争は終結したのである。

薔薇戦争

The History of British Monarchy—2 ● ランカスター家VSヨーク家、骨肉の争い

紅い薔薇の紋章を掲げるランカスター王家に、白い薔薇の紋章を掲げるヨーク公爵家が挑む。王冠をめぐる熾烈な戦いを制したのはヨーク家だった。

薔薇戦争勃発

華燭の典からほぼ十年後、ヘンリー六世とマーガレットのあいだにようやく子が産まれ、エドワードと名づけられたが、この頃すでにヘンリー六世は精神の異常をきたしており（ヘンリー六世は狂人と呼ばれたフランス王シャルル六世の孫）、生まれた子を胸に抱き祝福することさえできなかった。そのために、敵対するヨーク家は、エドワード王子はヘンリー六世の子どもではない、王妃が不義をはたらいて産んだ子だという噂を流した。

精神を病む王の代わりに、王位を主張し摂政職を要求するヨーク公爵に対応したのはマーガレット王妃だった。第三代ヨーク公爵リチャード（エドワード三世の五男初代ヨーク公爵エドマンドの孫）は、父系からはエドワード三世の五男の血を引き、母系からは同じくエドワード三世の三男の血を引くことから、エドワード三世の四男の血を引くヘンリー六世よりも優位であるとして王位継承を要求した。だが、王妃は承諾しなかった。

このことから、一四五五年、ロンドン郊外北東のセント・オールバンズで、最初の薔薇戦争の火蓋が切られた。エドワード三世の血を引く貴族たちは、赤薔薇を記章とするランカスター王家と白薔薇を記章とするヨーク王家にわかれ、王冠をめぐって争った。双方が薔薇を記章としていたことから、この内乱は薔薇戦争と呼ばれている。

当時のイングランドは緑したたる土地だった。城、修道院、教会、荘園、農家などの建物の群れを耕地が取り囲み、広大な緑のなかに、数マイルごとに、かなたへと続いていた。轍《わだち》のあとが深く刻み込まれた小径《こみち》が村から村へ続き、冬は霜や雪で、夏は埃で白くなり、夏には野薔薇やキンバイカの花の香りが漂った。薔薇戦争は、このような広々とした緑の土地で三十年間（一

ヘンリー6世（1421～1471）
ベッドフォード公ジョンを摂政に、生後1年もたたぬうちにイギリス王、そしてフランス王として即位。37年より親政を開始するも寵臣たちに牛耳られた。百年戦争和平派で、1445年にはシャルル7世の姪マーガレット・オブ・アンジューと結婚。53年のボルドー陥落の報を受け、以後精神に異常をきたすようになった。

ヘンリー6世妃マーガレット（1430～82）
夫のアンジュー公爵位・シチリア王の称号を賭けて戦った母イザベラ・オブ・ロレーヌの血を引き、闊達で意志の強い女性だった。百年戦争停戦のため、ヘンリー6世に嫁ぐが、そこで待っていたものは、母と同様、陣頭に立ち、戦に明け暮れる日々であった。

四五五～一四八五）繰り広げられ、国土を荒廃させた。

王位簒奪合戦

ヘンリー四世が正統の王リチャード二世から王冠を簒奪した。それを目の当たりにした貴族たちは、折あらば、かかる簒奪者の例に倣おうと待ち構えていた。

そのような風向きのなか、一四五〇年、ジャック・ケイド事件が起こる。エドワード三世の裔のモーティマーと名乗るジャック・ケイド（一四五〇年没）が、ヘンリー六世の失政に対して反乱を起こしたのだ。彼はケント州の民を率いてロンドンに押し寄せた。すでに、王の大蔵卿とケント州の長官を殺害していた。反乱はすぐに鎮圧されるが、その風潮は王室にまで侵入した。

ヘンリー四世が重い病の床に伏せると、見舞いに訪れた後継者の王子（のちのヘンリー五世）が、父が息を引き取ったと早とちりしたものか、王冠を手にとり、頭にかざした。父は昏睡から醒めて、息子に言った。

「その王冠はまだそなたのものではない。いや、わしのものであったこともなかった」

ヘンリー四世は最後まで王位簒奪者であることを忘れなかったのである。その息子でさえ、父の王位を簒奪しようとした。

ヨーク公爵リチャードに抵抗するマーガレット王妃は、稀《まれ》にみる勇敢な女性で「フランスの雌狼」と恐れられた。最初のセント・オールバンズの戦いで王妃軍は敗北したが、着々と兵を集め、一四五九年九月、ブロア・ヒースの戦いでヨーク軍を破った。しかし、一四六〇年七月のノーサンプトンの戦いでは、ヘンリー六世がヨーク側に捕まり、王妃とエドワード王子は北に逃れた。同十二月のウェイクフィールドの戦いで、マーガレット王妃は巻き返しをはかり、ヘンリー六世を取り戻し、ヨーク公爵リチャードは戦死した。翌年二月のモーティマーズ・クロスの戦いで、故ヨーク公爵の長男エドワードに束ねられたヨーク軍が勝利し、王妃軍は敗北した。ヘンリー六世は退位し、エドワード四世（一四四二〜八三）が王冠を手にした。一四七一年にふたたび王妃軍とヨーク軍が、チュークスベリーで刃を交えるが、ヨーク家が王妃軍を打ち破り、エドワード四世は王位を安泰なものにした。

　一四七一年五月二十一日、ロンドン塔に幽閉されたヘンリー六世は獄死した。暗殺説が囁かれた。マーガレット王妃はフランス王シャルル七世が身代金を支払ったおかげで帰国を許され、ロワール川沿いのソミュール近郊の城館で貧困のうちに亡くなった。

エドワード四世

　エドワード四世は背がずばぬけて高く、胸巾は広く、顔だちは整っており、物腰は洗練され、絵から抜け出てきたようなプリンスだった。「女のことしか頭のなかになく、女のこととなると理性をなくす」と陰口をたたかれるだけに、手あたりしだいに女性をものにした。二十二歳のころ、六歳ほど年上のランカスター家の騎士の未亡人で、ふたりの子持ちのエリザベス・ウッドヴィル（一三三七〜一四九二）と恋に落ちた。

　エリザベスは、ランカスター家の騎士だった夫ジョン・グレイ（一四三二〜六一）が戦死し、領地を剥奪され、幼い二人の男の子をかかえて途方にくれ、所領の返還を懇願するために、狩りの途中の王を待ち受けた。エリザベスは三十三歳、成熟した女性の美しさをたたえていた。

　エドワードはエリザベスに言った。

「そちの願いを聞きとどけてやろう。その代わりわが願いもきいて欲しい。わたしの愛を受けいれてほしいのだ」

　エリザベスは答えた。

「わたくしは陛下の僕《しもべ》でございますから、陛下を心から愛しております」

「そのような意味ではない。わたしはそちと寝たいのだ」

「わたくしは王妃になるには身分が低すぎますが、愛人になるには誇りが高すぎます」

　愛を拒まれたエドワードはますますエリザベスに熱をあげ、とうとう、一四六四年一月、エリザベスと秘密結婚した。五ヵ月後、秘密がばれた。身分違いの、しかも敵対するランカスター

エドワード４世（1442～83）
ヨーク公爵リチャードの子としてフランスのルーアンに生まれ、1461年にヘンリー６世を退位させて即位。クラレンス公爵やウォーリック伯爵、ランカスター派らの陰謀で一時はオランダに逃れるも、ブルゴーニュ公爵シャルル、グロスター公爵リチャード（のちの3世）らの助けでこれを討ち、王位に返り咲いた。財政機構を整え、文化を保護した。

エドワード4世妃エリザベス・ウッドヴィル（1437～92）

家の騎士の未亡人との結婚は危惧された通りヨーク家の結束を揺るがせた。ヨーク家の者たちの神経を逆なでしたのは、宮廷がエリザベス王妃の親類・縁者であふれかえったことである。王妃の妹七人はすべて高位貴族と結婚し、兄弟四人はすべて高位の爵位を与えられた。王妃の父サー・リチャード・ウッドヴィル（一四六九年没）は財務長官の座を与えられ、リヴァース伯爵に叙された。王の末弟リチャード（のちのリチャード三世、一四五二〜八五）は怒り心頭にきて、宮廷を辞し、北の領地に帰ってしまった。

一四八三年四月九日、エドワードは放蕩の末に命を縮め、四十二歳で亡くなった。釣りに出て風邪をひき、肺炎を併発したのが直接の死因である。王弟クラレンス公爵ジョージ（一四四九〜七六）は、王位を狙った咎《とが》でエドワード四世の勘気をこうむり、すでに処刑されていた。

リチャード三世

The History of British Monarchy―2◉王位継承者惨殺説の実態

ロンドン塔に幽閉され謎の横死をとげた幼き前王エドワード四世の二人の王子。首謀者はリチャード三世ではないか、ともいわれたが……。

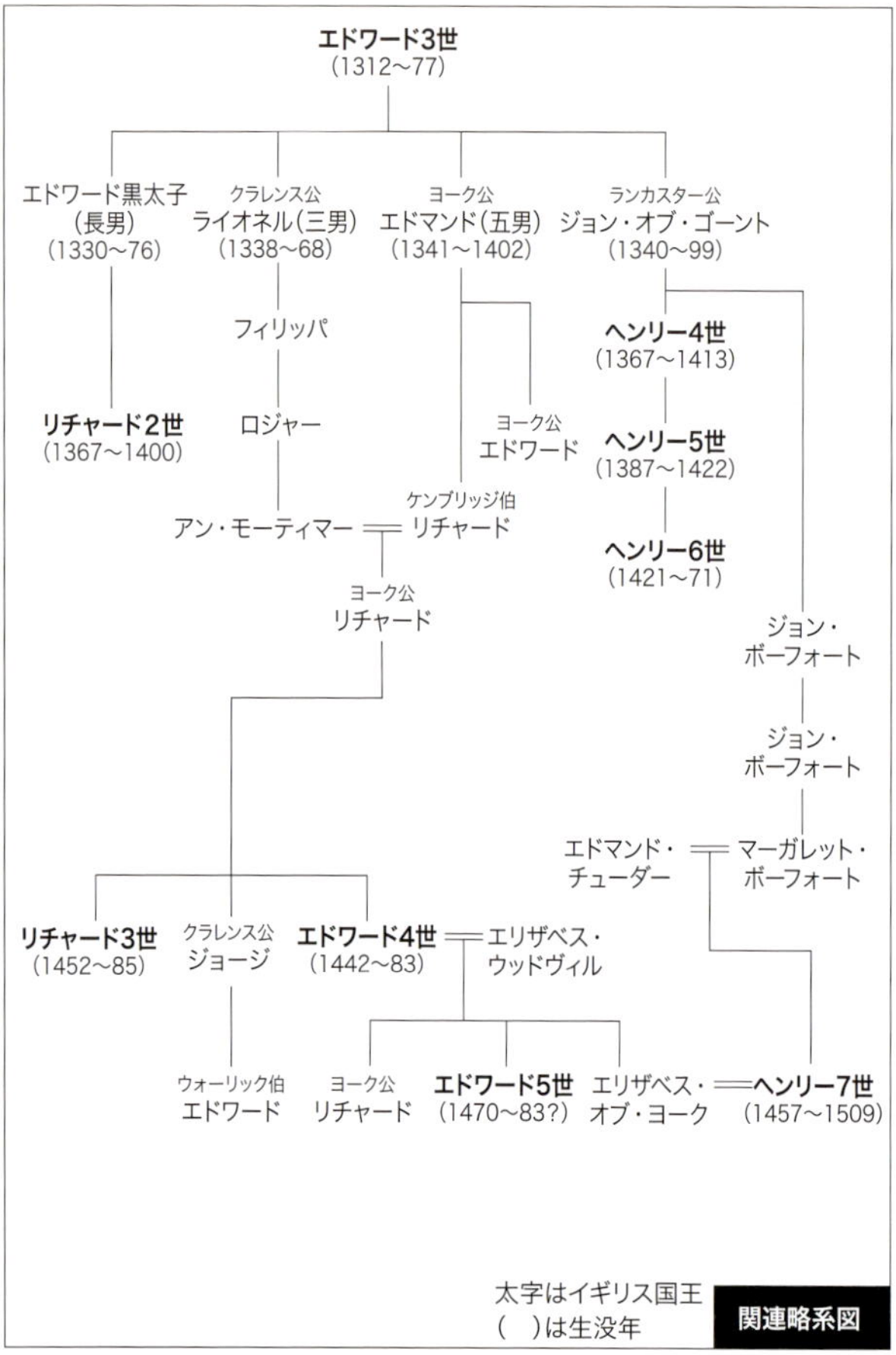

歪められたリチャード三世像

『リチャード三世伝』を書いたイギリス最高の人文学者トマス・モア（一四七八～一五三五）は、リチャード三世についてこう語っている。

「短身で、左肩が右肩よりずっと高く、手足の発達が均衡でない。強《こわ》ばった厳しい表情、残忍で怒りっぽく、嫉妬深く、生まれる前からつむじ曲がりだった」

最近は、このようなリチャード三世像に対して修正が加えられている。ロンドンのナショナル・ポートレイト・ギャラリー所蔵の肖像画でも、背中が

リチャード3世（1452～85）
エドワード4世の弟。エドワード4世の子を庶子として王位を剥奪し、自ら即位した。バッキンガム公爵の反乱を鎮圧するもリッチモンド伯爵ヘンリー・チューダーにボズワースの戦いで敗れ戦死した。

曲がっているような特徴は見られない。リチャード三世にたいする悪い世評は、ヨーク王家を倒してチューダー王朝を開いたヘンリー七世（一四五七〜一五〇九）によるプロパガンダの一例だったのかもしれない。

ヨーク家が決定的勝利を得たチュークスベリーの戦い

リチャードは薔薇戦争が始まったときはわずか三歳、父ヨーク公爵リチャードが戦死したときは八歳、一四七一年のチュークスベリーの戦いで兄エドワード（四世）が王冠を安泰なものにしたときは十九歳、薔薇戦争のさなかで育ち、その性格は薔薇戦争のさなかで形成された。兄を助けて、陰の部分を背負い、ヨーク王朝を出現させた。歴史の筋道をたどってみると、当時の騎士のほとんどが殺戮に手を染めている。リチャードだけが際立って残忍だったようには思われない。

王子殺害犯はリチャードか？

兄エドワード四世が亡くなると、リチャードは王妃エリザベスの弟アンソニー・ウッドヴィル（一四四〇頃〜八三）と、王妃が前夫との間にもうけた長男グレイ卿トマス（一四五七〜八三）を逮捕・処刑し、十三歳のエドワード皇太子とその弟ヨーク公爵をロンドン塔に入れた。それから、兄とエリザベスの結婚を、身分違いを理由に無効であるとし、また、兄は故エレアノール・トールボット（シュルーズベリー伯爵の娘）と正式に婚約していたので、エリザベスとの結婚は二重の意味で無効であり、したがって、ふたりの間に生れた子どもたちはすべて庶子であると宣言し、議会の同意を得て戴冠した。

ロンドン塔の二人の王子はどうなったのか。これまでは、リチャード三世に殺害されたとされてきたが、チューダー王朝のヘンリー七世に殺害されたという別の説がある。エドワード四世とエリザベスの結婚は無効となり、王子たちは王位継承権を失ったのであるから、リチャードが二人の王子を恐れる必要はなくなった。王位継承者は二人の王子だけではない。二人の王子を殺害しても、彼らをすべて亡き者にしなければ、リチャードの王位は安泰ではない。

まず、エドワードとエリザベス・ウッドヴィルの娘たちがいる（イギリスでは女子の王位継承は認められている）。長女エリザベス、次女メアリー、三女シシリー、四女マーガレット、五女アン、六女キャサリン。クラレンス公爵ジョージの忘れ形見のウォーリック伯爵エドワード（一四九九年、ヘンリー七世によって処刑）、マーガレット（ソールズベリー伯爵夫人、一五四一年にヘンリー八世によって処刑）もいる。クラレンス公爵の子は、王位継承に関してリチャード三世より優位な立場にあるのだ。

一四八四年、リチャード三世は十歳になる一人息子を病気で失うと（翌年には王妃アンも他界）、兄ジョージの嫡男ウォーリック伯爵エドワードを次期王位継承者に指名している。リチャード三世の姉エリザベス（一四四四〜一五〇三）は存命で、サフォーク公爵ウィリアム・ド・ラポールの長男ジョンと結婚し、七男が生まれている。リチャード三世が二人の王子を殺して王位の安泰をはかろうとするのなら、これらすべての王位継承権保持者を殺害しなければならない。リチャード三世は二人の王子たちも、大勢の甥や姪たちも手にかけなかった。その必要がなかったからである。プランタジネット家の王位継承者を根こそぎ抹殺しなければならなかったのはチューダー王朝の開祖、ランカスター家のヘンリー七世であり、次代のヘンリー八世（一四九一〜一五四七）であった。

王位簒奪者ヘンリー・チューダー

ヨーク王家の王冠に最後に挑戦したのは、ブルターニュに亡命していたランカスター家の最後のプリンス、ヘンリー・チューダーである。母はエドワード三世の四男ジョン・オブ・ゴーントの曾孫マーガレット・ボーフォー

幽閉されたエドワード王子（5世）とヨーク公リチャード兄弟を描いた『ロンドン塔の王子たち』（ジョン・エヴァレット・ミレー画）
エドワードは薔薇戦争の最中に聖地ウエストミンスター寺院で誕生し、父が急死した1483年4月、王位を継承するも、戴冠のためロンドンへと向かう道中で叔父リチャード3世によって弟とともにロンドン塔へ幽閉され、6月には廃位、夭折したと伝えられた。のちの1674年、ロンドン塔改修工事の際、兄弟の遺骨が発見された

『ロンドン塔の王の殺害』（ノースコート画）
2人の暗殺者が深夜に兄弟の部屋に忍び込み、一気にシーツを被せ、窒息死させた。事件後、主犯は殺害を自白し、斬首刑に処されたと伝わる

ト（一四四一頃〜一五〇九）であるが、ジョン・オブ・ゴーントと愛人キャサリン・スウィンフォードの裔で王位継承権はない。父は、ヘンリー五世妃キャサリンがウェールズ人の衣裳係オーエン・チューダーとの秘密の再婚でもうけたエドマンド・チューダー。血筋からいえば、ヘンリー七世には、いかなる意味でも、王位を要求する権利はなかった。

一四八五年、ボズワースの戦いで、ヘンリー・チューダーはリチャード三世を破り、王冠を獲得した。母の三番目の夫で、リチャード三世の腹心の部下ダービー伯爵トマス・スタンリー（一四三五〜一五〇四）が、最後の段階でヘンリー・チューダー側に寝返ったのが勝敗を決めた。若者は、悪い王、弱い王に挑戦する権利がある。王位継承権を持たずとも、バイキング流の「力が王を作る」という王位獲得の原理はまだ生きていた。

ロイヤル・ウェディングがもたらした異文化

イギリスでも大陸でも、王は外国の王侯貴族の女性を娶るのが原則。外国の花嫁とともに文化も移動する。エドワード3世の妃フィリッパは、祖国が織物工業で繁栄するのを目の当たりにしていたので、毛織物業をイギリスに導入した。ノリッジに織物工業組合をつくり、フランドルから職工を招いた。それまでのイギリスの織物技術は稚拙で、自家用の粗末な毛織物しか生産できなかったが、フランドルの職工が織機を携えてやってきたので、技術は大いに進歩し、やがて輸出するまでになる。王妃はしばしばノリッジを訪れ、職工たちを励ました。

リチャード2世の妃、ボヘミア王女アンはイギリスに3つのファッションをもたらした。額から2本の角がはえたように高く両脇の髪を持ち上げる髪飾りと、髪をとめたり衣装をつまみあげたりするピン、それに貴婦人が優雅に馬にまたがることができる片鞍である。アンはまた、母国語で聖書を読むのを禁じられた（異端の烙印を押された）時代に、花嫁道具のなかに、ドイツ語とボヘミア語の聖書をしのばせていた。聖書の英訳に取り組んでいたオックスフォード大学の教授ジョン・ウィクリフは、母国語で聖書を読むアン王妃に励まされ、英訳を完成した。

チャールズ2世の妃、ポルトガル王女キャサリン・オブ・ブラガンザは、嫁資として、30万ポンドと、タンジールとボンベイの2港と、船一杯の砂糖をもたらした。東洋との貿易で巨万の富を蓄えたポルトガルの王女ならではの持参金である。父を議会派に処刑され、フランスに亡命していたチャールズ2世は貧しく、花嫁の持参金で潤った。キャサリン王妃が持参した砂糖は紅茶用。妃の住むクラレンス・ハウスを訪れた人は、砂糖がたっぷり入った紅茶をふるまわれ、大いに感激した。妃の宮殿から、紅茶文化が発達した。

チャールズ2世妃キャサリン・オブ・ブラガンザ（1638～1705）
ポルトガル王ジョアン4世の娘で1662年にチャールズと結婚。生涯、子を得ることはなかったが、チャールズは妻を大切にし愛した。93年にポルトガルに帰国し、弟ペドロ2世のもとで晩年を過ごした。

第二部

偉大なる処女王の時代

アーサー王伝説の残るウィンチェスター城「アーサー王の円卓」
ヘンリー8世は中央に「チューダー・ローズ」を施させた

ヘンリー七世

The History of British Monarchy—3◉チューダー王家の創設

薔薇戦争に終止符を打ち、ヘンリー七世は即位、チューダー王朝が始まる。危険分子を排除した新王は外交政策、中央集権政策に躍り出る。

新王即位

一四八五年十月、ヘンリー・チューダーはヘンリー七世として即位すると、ヨーク家のエドワード四世の長女エリザベス（一四六五〜一五〇三）を妻にむかえ、ランカスターの赤薔薇とヨークの白薔薇を一つに束ね、内乱に終止符を打った。薔薇戦争中に、八十六家あった貴族は二十九家に激減していた。

クラレンス公爵ジョージの息子エドワードを名乗るランバート・シムネル（一四七七〜一五二五頃）と、エドワード四世の息子を名乗るパーキン・ウォーベック（一四七四〜九九）は王位を僭称《せんしょう》して挙兵したが、ヘンリー七世は彼らを破り、また、ロンドン塔に収監していた本物のクラレンス公爵ジョージの息子エドワードを、パーキン・ウォーベック事件に関わったとして処刑し、王位を危うくする禍根を断った。ウッドヴィル・ランカスター派の不穏な動きを制するために、自分の妻エリザベスの母、エドワード四世妃エリザベス・ウッドヴィルをベルモンジー修道院に隠棲させた。彼女はそれから五年後に五十五歳で他界した。

王位継承権を持たない弱みを隠すためか、あるいはチューダー王家に箔をつけようとしてか、初めての子をアーサーと名づけ、チューダー王家は伝説の王アーサーの裔であると宣言した。

また、一五〇一年、アーサー王子の妻にヨーロッパ一の大国スペインからキャサリン・オブ・アラゴン（アラゴン王フェルナンドとカスティリア女王イザベラの娘、一四八五〜一五三六）をむかえ、ヨーロッパの名家の仲間入りをしようとした。しかし、希望の星アーサー王子は結婚後四ヵ月ほどして悪性の感冒のために死亡した。ヘンリー七世はキャサリンと次男のヘンリー王子とを婚約させ、キャサリンをスペインに送り返さなかった。

外国との縁組みを通しての外交政策

ヘンリー７世（1457～1509）

チューダー朝祖。ランカスターのジョン・オブ・ゴーントの玄孫で、リッチモンド伯爵の子。幼少期はヨーク派に狙われ、各地の城を転々としたのち、フランス・ブルターニュに亡命。1485年にウェールズに上陸、ボズワースの戦いでリチャード３世を破り即位する。86年にヨークのエドワード４世の娘エリザベスと結婚した。王位僭称者たちの反乱が相次ぎ、彼らを処刑、有力王位継承者らを粛清し、支配を固めた。絵画は右手に紅薔薇、胸もとを金羊毛勲章で飾るヘンリー。

は続き、長女マーガレット（一四九六〜一五三三）をスコットランド王ジェームズ四世（一四七三〜一五一三）に嫁がせた。はからずも、マーガレットとジェームズ四世の孫メアリー・スチュアート（一五四二〜八七）の息子が、エリザベス一世亡きあと、ジェームズ一世としてイギリスの玉座に座ることになる。

白薔薇を手に持つヘンリー7世の妻で、エドワード4世の娘エリザベス・オブ・ヨーク（1465〜1503）

施政

ヘンリー七世は絶対王政を確立するために、封建貴族の勢力の打破を試み、官僚機構を中央集権的なものにし、国王の特権を守る「星室庁」（部屋の天井に星が描かれていることから、この名前が付けられた）を新たに設置し、法の歪曲や不正を正す断固とした姿勢を取った。城建築を促進し、自らも、ロンドンのベイナード城とグリニッジ城を改修し、テムズ川沿いにリッチモンド宮殿を建立し、ウェストミンスター寺院に壮麗なゴシック様式の礼拝堂を敷設した。また、スペインと友好を結ぶ一方で、軍事力に訴えることは極力避け、対仏関係も平和を維持し、貿易を促進した。そのために、王室の金庫は潤った。

　また、ヘンリー七世は「冒険商人組合」に特許状を与えて保護した。一四九七年、ブリストル在住のヴェネツイア人の冒険家ジョン・カボット（一四五〇頃〜九八頃）はヘンリー王の援助を受けて、大航海に乗りだし、ブリストルを出発してから七週間後に、島影を目にした。この島をニューファウンドランドと名付けた。初めてのイギリスの植民地である。

王母マーガレット・ボーフォート（1443〜1509）

王母マーガレット・ボーフォートは、亡命生活が長くイギリス事情に疎いヘンリー七世を補佐した。王朝を支えるのに必要な官僚を育成するために、ケンブリッジ大学に、セント・ジョンズ・コレッジとクライスト・コレッジを創設した。また、ウィリアム・キャクストン（一四二二頃〜九一）にイギリスで初めての印刷所を開設させ、本が多くの人の手に渡るようにした。印刷本が出回ることにより、人文主義教育が発展し、イギリスにおけるルネサンス文化が開花した。マーガレットは生涯に三度結婚したが、二度夫に先立たれ、巨額の寡婦財産を手にし、自身もボーフォート家の跡取り娘だったために大金持ちとなり、その財産を教育・文化の促進に用いた。彼女の貢献ははかりしれない。

晩年、ヘンリー七世は痛風と喘息に悩まされ、一五〇九年四月二十一日に、亡くなった。

ヘンリー八世

The History of British Monarchy—3 ◉ 王妃の座をめぐる熾烈な政争

邪魔者は死においやり、生涯六度もの結婚をくりかえしたヘンリー。王の強固たる姿勢は国教会設立、貨幣経済への転換など、国の根本的変換を招く。

チューダー王朝の二代目

長子相続の短所は二代目が常に立派な人物とはかぎらないことである。父ヘンリー七世は力で王冠を獲得し、他国との戦争を避け、外交によって平和を保ち、自力で富を築いた。ヘンリー七世の次男ヘンリー八世は、フランスとの戦争に父が築いた富を湯水のごとく使い、ローマ教皇庁と喧嘩別れし、国の宗教を曖昧なままに捨て置いて亡くなった。

ヘンリー八世は一五〇九年に即位するやいなや、兄アーサーの妻だったキャサリンと結婚し、ともに戴冠した。

イギリスの歴史家エドワード・ホール（一四九八〜一五四七）はヘンリー八世についてこう記している。

「善良なる御人柄、麗しい顔立ち、高貴なる御表情は王家の生まれにふさわしい高潔な資質をおのずと語っている」

血にまみれた結婚

国民に大きな希望を与えたヘンリー八世が、フランスとスペインを敵にまわし、血まみれの専制君主になりはてようとは誰が予想したであろうか。

ヘンリー八世が最初の妻キャサリン王妃を離別し、愛人アン・ブーリン（一五〇一頃〜三六）を妻に迎えようとしたことから、イギリスの運命は変わる。

キャサリンは死産・早産をくりかえし、子どもはメアリー（一五一六〜五八）しか育たなかった。一五二七年頃、ヘンリー八世は、王妃の侍女で外交官トマス・ブーリン卿（一五三九年没）の娘アンを見初めた。アンは愛人になることを拒否し、王妃の座を望んだ。

アンは十代の初めに海を渡り、十年ほどフランスの宮廷で過ごした。フランスの貴婦人とみまがうほどに成長して帰国した。そのアンを、ヘンリー八世が見初め、求愛したのである。王の

ヘンリー8世（1491～1547）
1534年、妻キャサリンとの離婚をローマ教皇に認めてもらえず、英国国教会を設立したヘンリーは、ローマ教皇、スペインとの対立を深めた。邪魔な者は次々と処刑し、王の至上権の確立、聖俗双方の中央集権化を図った。また、1545年にはフランスを敵にまわし、王立艦隊を創立、「メアリー・ローズ号」など181隻の艦隊を召集するなど海軍増強に努めた。6度も結婚をくりかえしながら、メアリー、エリザベス、エドワードの3人しかもうけることができなかった。絵画は王の宮廷画家として活躍したハンス・ホルバイン（1497／98～1543）による。

トマス・ウルジー枢機卿（1474頃～1530）
ヘンリー７世、８世に仕え、特にヘンリー８世には重用された。1515年には枢機卿、大法官となる。外交官としても成功し、政教両界に独裁的な権力を誇り権勢を極めるが、教皇から王の離婚許可を得られなかったことから失脚し、反逆の嫌疑で逮捕されロンドンへ護送される途中に没した

兄から弟ヘンリー８世に嫁いだキャサリン・オブ・アラゴン（1485～1536）
スペインのイサベラ女王の娘で、「狂女王」と呼ばれたフアナの妹。のちのメアリー1世を産むが男子を産めず、離婚を申し渡されるも認めず、終生英国に留まった。その死には毒殺説も囁かれた。絵画は15～16世紀、ミケル・シトウ画

愛を受けて子を産めば、その子は王位継承権を持たない庶子となる。アンは六年近くも王の愛を拒み続けた。

ついに、ヘンリー八世は、キャサリン王妃との離婚に反対する教皇クレメントゥス七世（在位一五二三〜三四）と決別し、イギリス国教会を設立し、その法のもとでキャサリン王妃を離婚し、アンと結婚した。ヘンリーは、キャサリン王妃との離婚に反対する高名な人文学者ジョン・フィッシャー（一四六九頃〜一五三五）と、大法官トマス・モア（一四七八〜一五三五）を、みせしめのために処刑した。すでに、即位以来、ヘンリーの右腕として働いてきたトマス・ウルジー枢機卿（一四七四頃〜一五三〇）を、ローマ教皇庁から離婚許可を取り付けることができなかったことを咎《とが》として自殺に追いやっていた。こうして、キャサリン王妃の甥、スペイン王で神聖ローマ帝国皇帝カール五世（一五〇〇〜五

狩を楽しむアン・ブーリンとヘンリー８世（1872年、ウィリアム・パウエル・フリス画）
アンはフランス宮廷に仕え帰国したのち、キャサリン王妃の侍女を務めていたところ、王に見初められる。のちのエリザベス1世をもうけるが男子を流産し、王の寵愛を失い、ロンドン塔にて処刑された

八）を完全に敵にまわしてしまった。

ヘンリーは議会を利用して、ローマ教皇庁と徹底的に争う法を次々と通過させた。ローマ教皇庁に上告するのを禁じる法案、聖職者が任命されるときにローマ教皇庁に払う十分の一税の禁止など矢継ぎ早に通した。

ついに、一五三四年、「国王至上令」を発布する。国王は俗界のみならず宗教界の長になり、修道院は解体された。二百四十四の修道院が閉鎖され、修道院の土地と建物は王室に没収された。修道院の土地や建物は売却されるか、高位貴族に報酬として与えられ、ヘンリー八世が死亡したときには、三分の一しか残っていなかった。修道院の土地や建物を購入したのは、主としてジェントリー階級であった。土地を基盤とする中世以来の封建制度の経済は貨幣を中心とする経済へ変換し、イギリスの社会・経済を根本的に変えることになる。

処女王エリザベス

The History of British Monarchy―3 ● 平和と繁栄をもたらし黄金時代を築く

類稀なる才知をもって、横暴・内乱に荒廃した国をヨーロッパ一の大国にのし上げたエリザベス。その陰には波瀾に満ちた少女時代の苦難があった。

エリザベスの誕生

一五三三年、アン王妃は女児（エリザベス）を産んだ。男児ではなかったことに王ヘンリー八世は落胆した。彼の心はすでに他の女性に移っていた。

アンは王の心変わりを激しくなじった。王はアンとの結婚を悔い、若い愛人ジェーン・シーモア（一五〇九頃～三七）を妻にしたいと願い、アンが五人の男性と不義を働いたとする罪をでっちあげた。アンは法廷で裁かれ、処刑台に送られた。このとき、エリザベス王女は二歳と八ヵ月だった。王女は養育係にきいた。

「昨日までプリンセスと呼ばれ、今日からはレディ・エリザベスと呼ばれるのは、なぜなの？」

幼くして母を処刑されたエリザベスには母と呼べる女性がいなかった。父の三番目の妻ジェーン・シーモアはエドワード王子（一五三七～五三）を産むとすぐに死亡し、次の妃、ドイツのクレーヴ公国から来たアン（一五一五頃～五七）は不器量を理由にすぐに離縁された。王の五番目の妃キャサリン・ハワード（アン・ブーリンの従妹、一五二一頃～四二）は、老いて病気がちの王を嫌悪し、昔の恋人とよりを戻した。そのために、断頭台に送られた。

最後の王妃キャサリン・パー（一五一二頃～四八）には二回の結婚歴があり、二人の継子を育てた経験があった。王妃は王家の子どもたちに愛情を注ぎ、父との絆が深まるように配慮した。また、高い教養の持ち主だったので、子どもたちの教育に情熱を注いだ。エドワード王子の帝王教育が始まると、王妃はエリザベス王女を同席させ、当時のイギリスが与えうるかぎりの高い教育を授けた。王女の家庭教師の一人、ケンブリッジ大学の古典語の学者ロジャー・アスカム（一五一五頃～六八）は語っている。

「王女さまはわたくしと二年間、ギリ

エリザベス１世（1533～1603）
2歳のときに母が処刑され、王位継承権ならびにプリンセスの称号を剥奪されるが、のちに継承権を回復。58年に即位。フランスとの戦争をおさめ、88年にはアルマダの海戦に勝利、財政の建て直し、首長令、礼拝統一令を制定し国教会の基盤を確立するなど有能な臣を多数重用しながら空前の発展期を築いた。絵画は1600～03年頃に描かれた『虹の肖像』。オレンジ色のガウンには眼と耳、左腕には王冠をかぶり赤いハートをくわえる蛇が施されている。赤いハートは正義を司る者の言葉、蛇は慎重のシンボル。無数の眼で世界のすべてを見、無数の耳ですべてを聞く女王が表されている。虹をもつ右手の上には「太陽なくして虹はない」と記され、太陽は女王、虹は平和、右衿上のガントレットは忠誠の象徴とされる。

エドワード6世（1537～53）
ヘンリー8世と3番目の王妃ジェーン・シーモアの子。幼少期から姉らとともに帝王教育を受け、エリザベスとは一番仲が良かったとも伝わる。父の他界を受け9歳で即位。叔父らに専横されるも、篤いプロテスタントで、2回にわたる礼拝統一令を制定した。生来病弱で16歳で他界

メアリー1世（1516～58）
ヘンリー8世と最初の妃キャサリン・オブ・アラゴンの娘。異母弟エドワード6世が早世したため即位。カトリックを信仰してプロテスタントを弾圧し、「ブラッディー・メアリー」と呼ばれた。1554年にのちのスペイン王フェリペ2世と結婚、スペインと敵対していたフランスに宣戦して敗れ、大陸の領土を失うなど失政が多かった

シャ語とラテン語を学びました。思考力には女性的な弱さは微塵《みじん》もなく、男性の適応力を備えています。王女さまほど理解力のある人を知りませんし、記憶力は誰よりも優れています。わたくしとラテン語でお話をされます」

エリザベスはギリシャ語とラテン語のみならず、フランス語、スペイン語、イタリア語に秀でる類稀《たぐいまれ》なる女性に成長する。彼女は自分を愛情で包んでくれる継母を実母のように慕った。

六人もの王妃と結婚しながら、ヘンリー八世が得た後継者は男子一人（産《さん》褥《じょく》の床で亡くなったジェーン・シーモアの子）と娘二人（一番目の王妃キャサリンの娘メアリーと二番目の妃アンの娘エリザベス）だけだった。チューダー王朝は薄氷を踏むごとき危うさだった。

一五四七年、ヘンリー八世が病没した。遺体は棺に納まりきれず、棺をウィンザー城のセント・ジョージ礼拝

ロンドン塔の囚人たちの入口「トレイターズ・ゲート（反逆者の門）」
この門をくぐった者は生きては戻れないといわれた。エリザベスは姉メアリーに再三陰謀を企てたとの嫌疑をかけられ、この門を舟でくぐり、階段を昇り入獄した

堂のジェーン・シーモアの棺のとなりに横たえようとすると、蓋が開き、腐って悪臭を放つ血が流れ出た。

九歳になるエドワード六世が王位に即いた。エリザベスは継母に引き取られ、勉強に専念する平穏な日々を過ごしていた。だが、継母が海軍卿トマス・シーモア（一五〇八頃～四九）と再婚すると、状況は一変する。トマスは朝早くエリザベスの寝室を訪れ、彼女と戯れ、エリザベスは彼に淡い恋心を抱いた。継母はエリザベスの身を案じ、彼女を友人に託した。その直後、継母は女児を出産し、産褥で亡くなったのだ。やがて、トマス・シーモアがエリザベスと結婚するらしいとの噂が流れる。トマスは逮捕され、大逆罪で処刑された。トマスには三十三もの罪状が科せられていた。このとき、エリザベスは王の娘である身の重さ、政治の過酷さを学んだ。

エリザベス女王に著作を語り聞かせるシェイクスピア

姉メアリー女王

一五五三年、エドワード六世が感冒をこじらせて亡くなり、キャサリン・オブ・アラゴン王妃の娘がメアリー一世として即位した。メアリーは三十七歳。メアリー女王が暗い怨念に揺らいでいるのとは対照的に、二十歳のエリザベス王女は若さに輝き、凛として、咲き誇る大輪の花のようだった。ある大使はこんな感想をもらしている。

「エリザベス王女さまの容貌は大変美しく、立ち居には威厳と気品があふれ、だれもが王女さまを女王さまだと思ってしまいます」

若く溌剌《はつらつ》とした王女がメアリーを脅かし、メアリーはエリザベスへの憎しみを募らせた。

メアリーが国教会をカトリックに戻し、スペインのフェリペ皇太子（のちのフェリペ二世、一五二七～九八）との結婚を宣言すると、反乱の狼煙《のろし》があがる。メアリーはエリザベスが荷担《かたん》していると確信し、妹をロンドン塔に送る。エリザベスは死を覚悟した。しかし、メアリーは妹を処刑するだけの証拠を集めることができなかった。

狂信的なメアリーの命令で、異端狩りの嵐が吹き荒れ、三百人近くもの国民が火刑に処せられた。さらに、メアリーはフェリペに強《し》いられてフランスに宣戦布告したが、結果は惨敗だった。イギリスは大陸に唯一持つカレーをフランスに奪われた。終戦交渉が続くなか、一五五八年十一月十七日、メアリーは卵巣癌のために亡くなる。メアリーは側近に言った。

「わたしが死んだら、胸を切り開いて

ください。カレーという文字が刻まれているでしょう」

死の床で、憎き妹エリザベスを次期王位継承者に指名した。

エリザベス即位

エドワード六世とメアリー一世の時代には、エリザベスは宮廷にめったに姿を見せず、自邸のハットフィールド・ハウスやハンワース邸で、目立たぬようひっそりと暮らした。華美な服装をさけ、髪型も地味に、ひたすら勉強に専念した。

一五五八年、アン・ブーリンの悲願が達成された。エリザベスが王冠を戴いたのだ。二十五歳の若い女王は敗戦国を立て直そうと決意していた。中道をゆく宗教政策を取り、夏の巡行を慣習とし、貴族の館に宿泊しながら、各地で、領民に触れた。

君主の最も大切な役目は結婚し後継ぎをもうけること。だが、女王は、

「わたしはこの国と結婚しました。イギリスがわが夫、あなたがたすべてがわたしの子です」と言い、

「わたしが死んだら、処女として生き処女として亡くなったと、墓に刻んでください」と答えるのだった。

祖父ヘンリー七世は王族の血を引きながら、庶子の系統だったために、王位継承権を持たなかった。だが、力で王冠を我が物にした。エリザベス自身も、母が処刑される直前に、父母の結婚が無効となったために庶子の烙印《らくいん》を押された。そして、庶子のまま王位に即いた。そのために、スコットランド女王メアリー・スチュアート（一五四二〜八七）に玉座を揺さぶられもした。

スコットランド女王メアリー・スチュアート（1542～87）
生後6日目に即位。6歳のときフランス王太子と婚約してフランスに赴き、58年に結婚。王妃となった翌60年に夫フランソワ2世が急死し、帰国。65年、ダーンリー卿と結婚。翌年に秘書リッチオ、67年に夫が殺害されるとボスウェル伯と結婚。この結婚に反対する国内勢力を中心にクーデターが起こり、退位を余儀なくされる。英国へ亡命するが、「バビントンの陰謀」加担の罪で処刑された。絵画はフランスにいた頃のメアリー

エリザベスが結婚しなければ、祖父が開祖したチューダー朝は絶える。それを覚悟しての非婚宣言ではなかったか。自分の代で、庶子の王朝を終わりにしてもよい、その代わり、どの君主も成し遂げることのできなかった平和と繁栄に輝く国を造りあげる。これこそがエリザベスの決意だったのではないか。

エリザベス女王が受け継いだイギリスは、フランスとの戦いに敗れ悲惨なありさまだった。女王はその祖国を背負い、ヨーロッパの一流国に育てあげ、黄金時代を築いた。国民の愛を勝ち得、世界のどの君主もおよばない名君と賞賛された。統治の成功の秘密は苦難の生い立ちと高い教養と知性にある。女王の初志は貫かれたのだ。

五ヵ国語を自由に操る女王の宮廷は、どのヨーロッパの国の宮廷よりも教養ある女性であふれていると羨望の眼《まなこ》で見られた。グラマー・スクールが各地に設けられ、その恩恵にあずかったウィリアム・シェイクスピア（一五四六〜一六一六）は、大学卒の詩人たちに劣らぬ活躍を見せる。

一五八〇年、海賊フランシス・ドレイク（一五四〇〜九六）が世界周航を果たし、宝物を山ほど携えて帰国した。女王はドレイクを騎士に叙した。これを期に、世界貿易に対する気運が高まり、新しい国を発見するために、若者たちが次々と海に挑戦した。新世界からじゃがいもやトマト、たばこなどがもたらされ、イギリスの食卓は豊かになった。このことによって、当時猛威をふるった脚気で死亡する船員の数は減り、大航海時代にはずみがついた。

一五六七年、イギリスの王位継承権を持つスコットランド女王メアリー・スチュアートがイギリスに亡命する。彼女の周囲にはカトリックの不満居士が集まり、エリザベスの玉座を揺るがした。エリザベスは二十年近くも躊躇《ちゅうちょ》した末に、一五八七年、メアリーを処刑する。謀反を促すメアリーの手紙が当局の手に入り、陰謀の実態が明らかになったのだ。しかし、過酷な後悔に襲われる。臣下たちに、神の代理人である君主を処刑できることを教えてしまったのではないか。

スペイン無敵艦隊との決戦

ローマ教皇庁はエリザベス女王を破門し、カトリック教徒に女王の暗殺を求め、フェリペにイギリス侵略を促した。女王が暗殺の危機のあうこと二十数回。入念に組織されたスパイ網がこれを阻んだ。

一五八八年夏、スペインの無敵艦隊がイギリス進攻を開始した。無敵艦隊の侵攻に備えてエリザベスは海軍を一新していた。また、この開戦では、ドレイクを副総司令官に任命して、海の冒険家の海賊たちの働きを存分に利用した。神の恩寵を得たのであろうか。イギリス海軍は決死の攻撃を仕掛けた。

アルマダの戦いを前に閲兵するエリザベス（1861年、フェルディナンド・ピロティ画）
1588年のアルマダ沖海戦においてエリザベスは見事フェリペ2世率いるスペイン無敵艦隊を撃破、英国躍進の足がかりを築いた

無敵艦隊は嵐に追われ、座礁した。そして、ちりぢりになり、スコットランド沖に姿を消した。

この後、イギリスがスペインに代わり海の制覇権を握る。一六〇〇年には、東インド会社を設立し、東洋との貿易に本格的に乗り出した。

一六〇一年、エリザベスは議会で、一部の特権階級に与えていた「輸出入税独占権」を廃止すると宣言した。この税は「国家の血を吸う悪徳」と糾弾されていた。このときの演説は「黄金のスピーチ」として末永く讃えられることになる。

一六〇三年三月、女王は病むことなく没した。その後、スコットランド王ジェームズ六世がイギリス王ジェームズ一世として迎えられた。女王はジェームズと密かに手紙を交わし、帝王教育を施していたのだ。こうして、二つの国がひとつに結ばれ、連合王国の基礎が置かれた。

ジェームズ一世

The History of British Monarchy―3 ● 二つの国の王となったスコットランド王

エリザベス女王の後を受け、スコットランド王ジェームズ六世はイギリス王ジェームズ一世として即位。スコットランドとイギリスは同君連合王国となる。

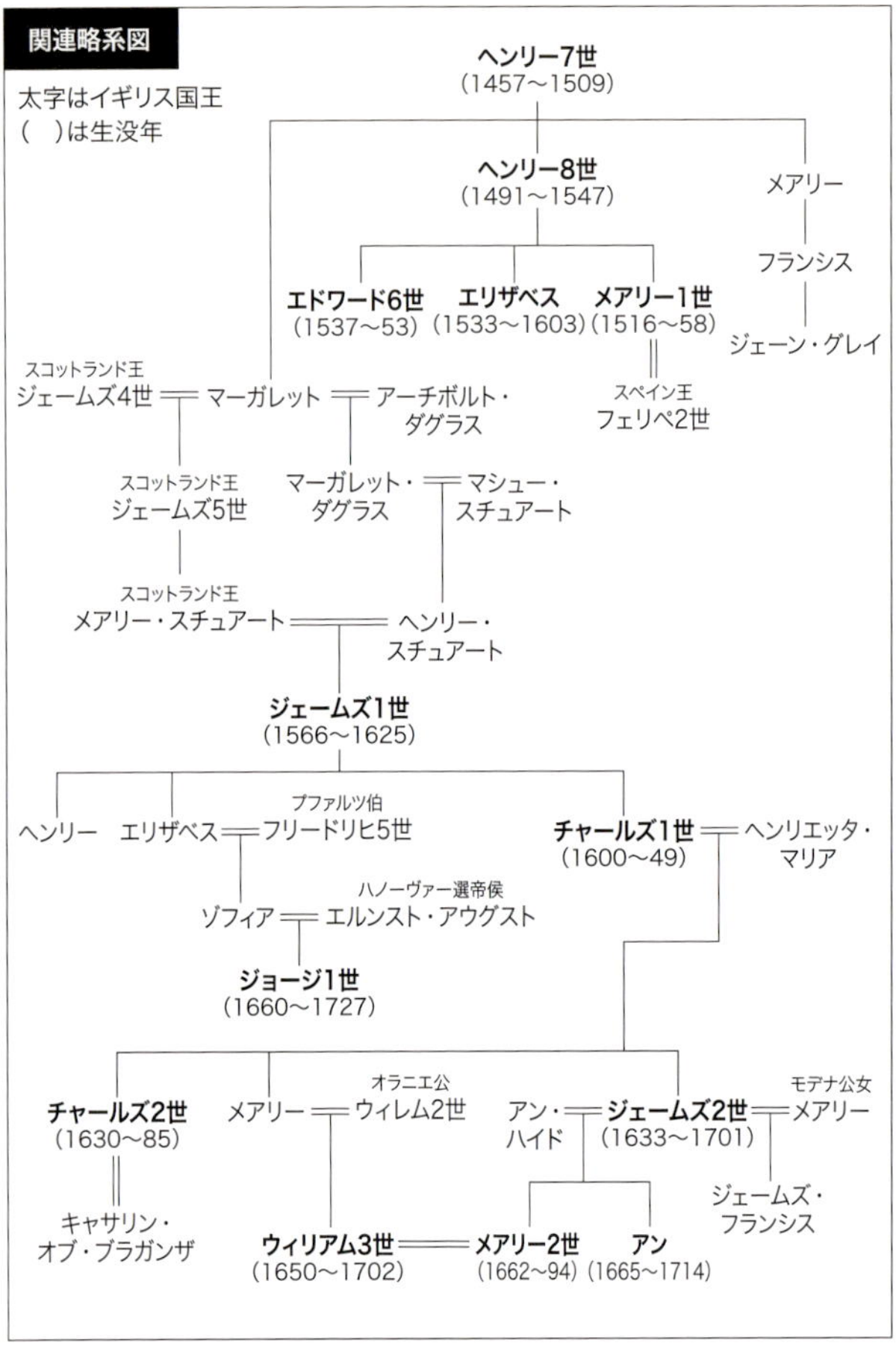

波瀾含みのスチュアート朝

ジェームズはスコットランド女王メアリー・スチュアートを母に、ダーンリー卿ヘンリー・スチュアート（一五四五～六七）を父に、一五六六年六月十九日、エディンバラ城で生まれた。父も母も、ともにヘンリー八世の姉マーガレットの孫にあたる。

イギリスの宮廷人たちは、新しい王に落胆した。容姿は均整がとれておらず、脚が湾曲しているためにいつも足下がふらついた。大きな目をぎょろぎょろ回す癖があり、しぐさはグロテスクで、目玉が飛び出ているように見

ジェームズ1世（1566～1625）
1歳でスコットランド王ジェームズ6世として即位。1583年より親政を開始。1603年にイギリス王ジェームズ1世として即位、イギリスとスコットランドが同君連合王国となる。王権神授説をかざして議会と対立、国教主義を強調して新旧両教徒の支持を失い、1605年には爆殺未遂事件（火薬陰謀事件）が起こっている。

えた。舌が唇にくらべて大きすぎ、目は涙で潤み、だみ声で話すために論旨が明確に理解されなかった。立ち居は野暮ったく、礼儀作法を知らず、言葉遣いは粗野だった。だれもが、ジェームズをあの美しいスコットランド女王メアリー・スチュアートの息子だろうかと目を疑った。その一方で、天性の知性を秘め、「キリスト教国で一番賢い愚か者」と評された。

一六〇五年十一月五日、カトリックのガイ・フォークスが率いる反乱の徒が国王もろとも上院議員を暗殺しようと、議会に爆発物をしかけた。この火薬陰謀事件《ガンパウダープロット》は未遂に終わったが、カトリックへの反感が渦巻くこととなる。一六二〇年、カトリックの弾圧を渋るジェームズの宗教政策に不満を抱く百二名のピューリタンは、「メイフラワー号」に乗ってプリマス港を出航、アメリカのケープ・コッド・ベイに到着し、新世界の建設に夢をかけた。

チャールズ一世

The History of British Monarchy―3◉清教徒革命に敗れ断頭台に散った国王

宗教政策の失策に財政難と、民衆の支持を失ったチャールズ一世は、とうとうオリヴァー・クロムウェル率いる議会派に敗れ、断頭台の露と消える……。

クロムウェルの反乱

チャールズ一世の不幸は、イギリスで育ちながらも父ジェームズ一世と同様に、スチュアート王家の伝統である王権神授説をふりかざして議会と衝突し、カトリックのフランス王女アンリエッタ・マリアを妻に迎え、セント・ジェームズ宮殿内に豪華なカトリックの礼拝堂を設け、国民の感情を逆なでしたことである。チャールズは失策を繰り返す。フランスとスペインを相手に戦争し、財政難に陥った。一六二八年、議会は王の御用金を認める代わりに、王権を制限する「権利の請願」に署名するよう王に要請した。王は署名はしたが、それから十一年間、議会の開催を拒んだ。

一六四二年十月二十三日、エッジヒルでチャールズは王軍を組織し、議会派に宣戦布告した。しかし、オリヴァー・クロムウェル（一五九九〜一六五八）が率いる鉄騎兵は王軍を各地で打ち破り、議会軍を勝利に導いた。

絶対王政を信じるチャールズと議会派の和解は成立せず、王は裁判で有罪を宣告され、一六四九年一月三十日、ホワイトホール宮殿のバンケット・ハウス横に設けられた処刑台で断頭に処せられた。王は威厳と勇気をもって死に臨んだ。王の最期の言葉は「わたしは朽ちやすい王冠の国から、擾乱《じょうらん》なく朽ちることのない王冠の国に行く」だった。フランス革命の百五十年も前のことである。メアリー・スチュアート処刑の際、エリザベス女王が苦悩した悪夢が現実のものになったのだ。以後、イギリスは黒死病《ペスト》、ロンドンの大火に見舞われ、大損害を被る。

共和主義政府は十一年で終わりを迎える。イギリス人の気質には、共和政より王政のほうが合っていたのだ。一六六〇年、フランスに亡命していたチャールズ二世とジェームズ二世兄弟が呼び戻され、王政復古が成る。

チャールズ1世（1600～49）
ジェームズ1世の6男。スチュアート王家の伝統、王権神授説に基づいて専制政治を行う。失政を非難する議会派（プロテスタントが多数）を武力で抑えようとして内乱を引き起こし、クロムウェルに敗れて処刑された。
絵画はアンソニー・ヴァン・ダイクによって描かれたチャールズ1世一家。右は娘メアリーを抱く妻（フランス王アンリ4世とマリー・ド・メディシスの娘）アンリエッタ・マリア（1609～69）

チャールズ二世

The History of British Monarchy—3 ● 王政復古に迎えられた放蕩王

父王の処刑から十一年後、共和政府が破綻し、チャールズは亡命先より帰国、王として迎えられた。快活で享楽的な新王は「陽気な王様」とあだ名された。

王政復古

チャールズ二世は、父の熱烈な支持者たちが想像していた人物とは異なっていた。分厚い唇、頑丈そうな鼻、人を茶化すような眼などは陰鬱な父とは似ておらず、祖父のフランス王アンリ四世から機知と快活さと女道楽、もろもろの放蕩を受け継いだと思われる。

チャールズ二世は父が処刑されたあと、オランダやフランス各地を転々とし、生活のためにフランスやスペインの宮廷から借財を重ねた。その苦労が顔にあらわれ、王位に即いたときは三十歳のわりにずっと老けて見えた。

チャールズは、イギリス王になったらこの埋め合わせをしてやろうと心に決めていた。国王になるやその夢を果たし、大臣たちが国務を奏上するために国王を捜すと、国王は女と戯れたり女を抱いたりしていた。

一六六二年、チャールズはポルトガル王ジョアン四世（一六三八年にポルトガルをスペインの支配から解放しブラガンザ王朝を開祖、一六〇四〜五六）の娘キャサリン・オブ・ブラガンザ（一六三八〜一七〇五）と結婚した。ポルトガルにとってイギリスは重要な友好国、キャサリンは三十万ポンドの持参金に加えて、船一杯の砂糖、北アフリカのタンジールとインドのボンベイを嫁資としてもたらし、のちの七つの海にまたがる大英帝国への発展の原点となった。また、キャサリン王妃は紅茶を飲む習慣をもたらした。インド産の紅茶は王侯貴族にさえ高根の花、王妃の住むサマセット・ハウスを訪れた人は、高価な紅茶のもてなしにあずかり大喜びしたという。やがて、紅茶文化がイギリス社会に根づくこととなる。

一六八五年二月六日、嫡子を持たないチャールズ二世が尿毒症のために亡くなると、弟ジェームズがジェームズ二世として即位した。

チャールズ2世（1630～85）
1642年より国を蹂躙した内乱の際には父に従い戦場に立つが、46年に王軍が敗北すると母の祖国フランスに亡命。60年、王政復古により即位。議会と対立することはあっても柔軟な対応で協調して政策を進め、宗教的対立も緩和させ、民衆にも親しまれた。また、生涯もった愛人の数は公認されているものだけでも13人、14人の庶子を得たといわれる。

流血なき革命

The History of British Monarchy—3 ◉ 名誉革命とオラニエ公爵夫妻即位

宗教上の対立でジェームズ二世は王位を追われ国外に亡命すると、王の長女メアリー夫妻が共同統治者として即位、次いで王の次女アンが即位する。

ジェームズ２世（1633～1701）
革命中に一時議会軍に囚われたのち、大陸に亡命し、フランス軍およびスペイン軍にて活躍した。王政復古とともに帰国し、海軍総司令官に任命されたが、カトリックであることが問題となり辞職。1685年に即位し、カトリック路線をしき専制政治を行おうとしたため、反発が強まり、88年にプロテスタントの王女メアリー夫妻が新王として迎えられ、名誉革命にて廃位。

カトリック王ジェームズ二世

カトリックの王ジェームズ二世が登位した。一六七一年に王妃アン・ハイド（一六三七～七一）が亡くなった二年後、王はカトリックの、モデナ公爵アルフォンソ四世の娘メアリー（一六五八～一七一八）と再婚した。王の没後には、プロテスタントのメアリー王女（一六六二～八五）が、次いでアン王女（一六六五～一七一四）が即位するという希望があったので、国民は国王の宗教を甘受した。ところが、王位継承は予想外の展開となる。

一六八八年、六年ぶりにメアリー王

メアリー2世（1662～94）
プロテスタントとして教育され、1677年にオランダ総督オラニエ公爵ウィレム3世と結婚。名誉革命後、夫とともに共同君臨者として即位。夫が遠征で留守の間はメアリーが統治した。温和な人柄で国民にも愛された。絵画は17世紀、ウィレム・ウィッシング画

ウィリアム3世（1650～1702）
オランダ共和国独立の立役者ウィレム沈黙公の曾孫。生まれる約1週間前に父が他界したため、誕生とともにオラニエ公爵を継承。共和党の反対派に監視されながら育つ。1672年以降のフランスによる侵攻の際にはオーストリア、スペイン、スウェーデン、ドイツ諸国と結び、撃退している。1688年に妻とイギリス王に即位してのちは前王ジェームズ2世の反乱を鎮めた。絵画は17～18世紀、ゴッドフレイ・クネラー画。

妃が子を産んだ。生まれたのは男児で、ジェームズ・フランシスと名づけられた。前年に、ジェームズ二世はカトリック教徒および非国教徒を差別する法律の停止を定めた「信仰自由法」を発布していた。イギリスの玉座に生粋のカトリックの王が座る可能性が大きくなり、国王の宗教とその政策に対し激しい批判の声が起こった。

アン女王（1665～1714）
ジェームズ２世の次女。1683年にデンマーク王子ジョージと結婚。1702年にイギリス女王として即位。1707年にはスコットランドと合同、大ブリテン連合王国が成立した。

メアリー二世とウィリアム三世

ジェームズ二世の長女メアリー王女を妻としたオラニエ公爵ウィレム三世（一六五〇～一七〇二）はイギリスの政情に目を光らせていた。チャールズ一世の娘メアリー（一六三一～六〇、オラニエ公爵ウィレム二世と結婚）を母にもつ彼もまた、イギリスの王位継承権保持者だった。

ウィレムはイギリス議会の要請を受け、一六八八年十一月五日、一万四千の兵を率いてイギリス南西部のブリクサムに上陸した。国民の大多数がオラニエ公爵夫妻を歓迎した。ジェームズ二世は妻と息子ジェームズ・フランシスをフランスの宮廷に逃がし、十二月十一日、自分もフランスに逃亡した。

一六八九年一月二十八日、議会は、オラニエ公爵ウィレムをウィリアム三世として、その妻メアリーをメアリー二世として迎え、「共同君臨」とすることを宣言した。メアリーとウィリアムは、議会と人民の権利を列挙した「権利宣言」に署名した。流血を見ることなく王位の交代が行われた「名誉革命」に、ヨーロッパの人びとは驚愕した。イギリスは共和国であると同時に君主国たる道を発見した。スチュアート王朝の終焉とともに、今日のような政治形態が始まったのである。

一六八九年に、「権利の章典」が議会を通過した。章典は国王には法律の停止権がないこと、カトリック教徒は玉座につく権利はないことなどが定められ、国民の権利と自由を保障していた。また、「宗教寛容法」も通過し、宗教の自由が保証され、自由な礼拝が許されるようになった。同年に、イングランド銀行が創設され、経済・財政の発展に大きく寄与した。

スペイン王カルロス二世（一六六一～一七〇〇）の死によってスペイン王家が断絶すると、フランス王ルイ十四世

（一六三八〜一七一五）は孫のフィリップ（一六八三〜一七四六）をスペインの玉座につけた。ウィリアムはこれに反対、プロシアとオーストリアを味方につけフランスと戦った（スペイン継承戦争、一七〇一〜一三）。

一七〇四年、ジョン・チャーチル（一六五〇〜一七二二）率いるイギリス軍が、バイエルン西方ドナウ川沿いの小村ブリントハイムでフランス軍を打ち破った。その報償として、チャーチルはオックスフォードシャー北のウッドストックに広大な地所を与えられ、豪壮なブレナム宮殿を建てた。第二次世界大戦前後に活躍した名首相ウィンストン・チャーチル（一八七四〜一九六五）はこの宮殿で生れている。

一七一三年、ユトレヒト条約が結ばれ、フィリップがフランス王位を継承しない約束で、反フランス諸国はフィリップをスペイン王フェリペ五世として承認し、フランスから幾つかの利権を引き出し、矛先をおさめた。この条約で、イギリスはヨーロッパ列強の一員としての地位を不動のものとした。イギリスはスペインの奴隷貿易に参入でき、スペインよりジブラルタルとメノルカ島を譲り受け、フランスより北アメリカのアカデシアとニューファンドランド島、ハドソン湾地方を譲り受けた。

アン女王即位

メアリー二世は一六九四年十二月、天然痘のために死去した。アン王女にも子がなく、王室の前途を憂いたウィリアム三世は、一七〇一年に王位を継ぐ者は「プロテスタントでチューダー王家の血を引く者にかぎる」とする王位継承令を議会で議決させた。

一七〇二年二月、ウィリアム三世はロンドン郊外のハンプトン・コート宮殿で乗馬を楽しんでいたが、馬がもぐら塚につまずき、振り落とされて首の骨を折り、三月八日に亡くなった。

アン女王は肥満体で痛風に苦しみ、歩くこともままならず、戴冠式では終始椅子に座っていた。夫デンマーク王子ジョージ（一六五三〜一七〇八）との夫婦仲はよく、毎年のように妊娠したが、十八人もの子を胎に宿しながら、ひとりも成長しなかった。この不幸の元凶はスコットランド女王メアリー・スチュアートからジェームズ一世に遺伝した、ポルフィリン代謝異常疾患にあると考えられる。のちのジョージ三世（一七三八〜一八二〇）の精神異常もポルフィリン症と診断された。

チャールズ二世時代、王位継承をめぐって、ジェームズ二世を王位に即かせたいトーリー党とそれに反対するホイッグ党が形成されたが、アン女王時代に二大政党政治が大きく発展する。

一七〇七年五月一日、イングランドとスコットランドの合同法が成立し両国は統一され、グレート・ブリテン王国となった。

ハノーヴァー朝

The History of British Monarchy—3 ◉ ジョージ一世、二世、三世による大英帝国への道

ドイツ、ハノーヴァーより迎えられたジョージ一世。二世、三世へと王位は継がれ、賢臣の働きもあって、イギリスは一大強国へとのし上がる。

ハノーヴァー朝の開始

アン女王のあとイギリス王として招かれたのは、ハノーヴァー選帝侯ジョージ（一六六〇～一七二七）である。彼は、ジェームズ一世の娘エリザベス・スチュアート（一五九六～一六六二）の娘ゾフィア（一六〇三～一七一四）の子、つまりジェームズ一世の曾孫にあたる。

ゾフィアはハノーヴァー選帝侯エルネスト・アウグスト（一六二九～一六九八）と結婚し、ジョージをもうけた。スチュアート王家の血を引く裔は四十人ほどいたが、プロテスタントはゾフィアだけだった。ゾフィアはすでに一七一四年六月八日、七十歳で他界していたので、ゾフィアの息子ジョージがジョージ一世として即位した。

ジョージ一世

ジョージ一世は英語を話せず、大臣たちとラテン語で意志の疎通をはかった。イギリスの政治に関心がなく、しばしば故郷のハノーヴァーに帰ったため、ホイッグ党のロバート・ウォルポール卿（一六七六～一七四五）がイギリス初の首相として政権を握り、議会に責任を負う責任内閣制を発展させ、立憲君主制を確固たるものとした。

ジョージ一世時代の最大の財政危機は南海泡沫《サウスシー・バブル》事件である。スペイン継承戦争が終息してから間もない一七二〇年、国債は五千一百万ポンドにも達した。イングランド銀行と東インド会社は、その五分の一を負担していた。中南米との貿易を独占していた南海会社は残りの国債の一部を引き受けることになった。国が国債の利子の五パーセントを南海会社に払うことで折り合いをつけた。南海会社は自社株を時価で債権者に譲渡し、債務償却をすることにした。ところが、一七二〇年一月に株を公開すると、時価は高騰し、九月にみるみる暴落した。破産者は数百万

ジョージ1世（1660～1727）
1698年、父エルンスト・アウグストの後を受けてハノーヴァー選帝侯となり、1701年にはフランスに対抗する大同盟に参加。1714年、アン女王の後をうけてイギリス王となる。英語を解せず、イギリスになじめなかったため、統治に興味をもてず、政治の実権は首相ウォルポールが握った。妻は絶世の美女と謳われたゾフィア・ドロテアだったが、美人コンプレックスなところがあり妻を顧みなかったため、妻が浮気。浮気相手を惨殺し、妻を生涯幽閉した。絵画は17～18世紀、ゴッドフレイ・クネラー画。

人におよんだ。この類をみない経済危機に、救世主として頭角を現したのが、ノーフォーク州出身の国会議員ロバート・ウォルポールだった。一七二一年から四二年まで、大蔵総裁兼財務長官を務め、事実上首相の役割を担った。

一七二七年六月、オランダで下船したジョージ一世は、あらかじめ用意された馬車に乗りハノーヴァーを目指していた。途中、脳溢血のために倒れ、オスナブリュックの城に到着するやいなや、昏睡状態に陥り、一七二七年六月二十二日、亡くなった。六十七歳だった。

ジョージ2世（1683～1760）
1714年、プリンス・オブ・ウェールズに叙され、27年に即位。北アメリカ大陸に13番目の植民地ジョージア（名はジョージ2世にちなむ）が建設される。また、オーストリア継承戦争（41～48年）の際には自ら軍を率いてフランス軍を破った。政治の実権はピットが握り、責任内閣制がさらに発達、植民地拡大政策により大英帝国の時代が始まることとなる。

ジョージ二世

父の急死に伴い、長男（一六八三～一七六〇）がジョージ二世として王位を継いだ。新国王は「怒りっぽく虚栄心の強い小男で、自分が主人であると信じたがっている」と陰口をたたかれていた。ジョージ二世はウォルポールを嫌ったが、この財政危機を乗りきるのに相応しい人物は他におらず、彼に頼らざるをえなかった。

ジョージ二世は二十一歳のとき、ブランデンブルク・アンスバッハ辺境伯ヨハン・フリードリヒの娘キャロライン（一六八三～一七三七）と結婚した。幸せな結婚だった。四男五女が生まれたが、成長した男子は二人だけである。キャロライン王妃は知的な女性で政治に熱心で、夫の性格をよく理解し、自分の助言さえも、あたかもジョージが言い出したかのように信じさせることができた。その力でウォルポールを支え、大臣の政策は国王の政策なのであると説得して、政府を陰で支えた。

頼みの綱のキャロライン王妃は、一七三七年十一月、ヘルニアの手術を受けたあと、激痛に苦しみながら息を引きとった。五十四歳だった。王妃の死去は、ウォルポールにとっても大きな打撃だった。後ろ盾を失ったウォルポールは一七四二年の総選挙で敗れて再び野に下り、その三年後に死去した。ウォルポールは戦争を回避し、二十年にわたって平和政策を遂行した。

ウォルポールの没後、政権の座についたのはウィリアム・ピット（一七〇八～七八）である。彼は議会派のホイッグ党と王党派のトーリー党（一八三二年に保守派と改称）の両党連立政府を支持して首相となり、一七六八年に下野するまで政界で実権を握った。

ピットは一七三五年に、二十七歳にして議会入りを果たし、イギリスの貿易と植民地の利益を守るための情熱的で芝居がかった演説で注目を浴びた。その大弁舌に立ち向かえる政治家はおらず、ジョージ三世の即位の一七六〇年まで、政治の舵取りをした。

ジョージ二世は戦争が好きだった。一七四〇年にマリア・テレジア（一七一七～八〇）がオーストリア君主として即位し、フランスがそれに反対すると、ジョージ二世はこれに介入して自ら出陣し、一七四三年、バイエルンのデッティンゲンでフランス軍を敗走させた。ジョージ二世は直接軍隊を指揮した最後のイギリス王である。

一七五一年、フレデリック・ルイス皇太子が四十八歳で、クリケットのボールで頭を打たれて死亡した。そのために、皇太子がドイツのサクス・ゴータ公爵フリードリヒの娘オーガスタとの間にもうけた長男ジョージ（一七三八～一八二〇）が次期王位継承者となった。一七六〇年、ジョージ二世は、ケンジントン宮殿に滞在中、いつ

ジョージ3世（1738～1820）
祖父ジョージ2世の死を受けて即位。誠実な人柄から「お百姓ジョージ」と呼ばれ、親しまれた。アメリカ独立戦争、ナポレオン戦争の心労に加え、子供たちの不品行もあり、精神を病んだ。1801年にアイルランドと連合王国となる。

ジョージ3世の娘たち
左が40歳で初婚という王室では異例の晩婚ぶりをみせた4女メアリー、右は兄アーネストや父の部下と関係し子をもうけた5女ソフィア、中央は比較的優等生と思われるも死後に父に内緒で秘密結婚をしていたことが発覚した末娘アメリア

ジョージ4世（1762～1830）
父ジョージ3世が精神に異常をきたしてからは摂政を務めた。ナポレオン戦争にあたっては見事勝利をおさめた。1820年に即位し、アイルランド、ハノーヴァー、スコットランドを訪問している。

ものようにチョコレートを飲んで朝食を終え、用便のために化粧室に入った。ドスンという音を聞き侍従がかけつけたところ、国王が倒れていた。数分後に、動脈瘤破裂で亡くなった。王の遺体は、ウェストミンスター寺院に眠るキャロライン王妃の隣に横たえられた。

ジョージ三世

ジョージ二世の時代に、イギリスは内外で飛躍的な発展を遂げた。フランスはインドで大敗を喫し、イギリスはカナダ、西インド諸島のグアドループ、アフリカのセネガルを手に入れ、大英帝国時代が始まった。

二十二歳で即位したジョージ三世は、最初の議会で「わたしはこの国に生まれ、この国で教育を受けた。イギリス人であることを誇りに思う」と演説し、喝采を浴びた。彼は、ジョージ王朝二代のあいだに王権が弱体化したことに怒りを覚え、トーリー党を重んじ、王権の強化をはかり、ホイッグ党と対立した。

一七六一年、ジョージは、メックレンブルク・シュトゥレリッツ公爵カールの十七歳になる娘シャーロット（一七四四〜一八一八）と結婚した。愛人を持つことはなく、生涯王妃を大切にした。シャーロットは美人ではなかったが、スラブ系特有のピンク色の白い肌を持つ健康な女性で、九男六女を産み、二人を除き、みな成人した。

一七六四年、ジョージ三世はポリフェリン症のために突然精神の異常をきたした。異常に苛立ち、脅迫観念にかられ、幻覚に悩まされた。すぐに病から回復したが、一七八八年に新大陸のアメリカが独立すると、ジョージはまたもポリフェリン症に見舞われた。翌年には回復したが、脅迫観念につきまとわれ続けた。さらに隣国のフランスで起きた革命（フランス革命）が彼を脅かした。そして一八一〇年、末娘アメリアの死が引き金となって、また も同じ病に見舞われる。一八一一年二月には「摂政令」が議会で可決され、ジョージの長男ジョージ（のちの四世、一七六二〜一八三〇）が摂政となる。

一八二〇年一月二十九日、ジョージ三世は亡くなった。八十一歳。二年ほど前に王妃が亡くなっていた。晩年のジョージは目が見えず、耳も聞こえなくなっていた。

ジョージ三世の子どもたちは「良くいって風変わりな奇人揃い、悪くいえば不良、面目極まる存在で、愚鈍な血統の残滓だった」王子たちの愛人から生まれた庶子は数えきれないほどいたが、次代のジョージ四世のたった一人の嫡出子シャーロット王女（一七九六〜一八一六）は男子を死産して亡くなり、次男でその次の王のウィリアム四世（一七六五〜一八三七）にも嫡出子はなかった。イギリス王室は後継者がいなくなる事態に陥る。

チューダー朝を生んだ、王妃の禁じられた恋

もしも、ヘンリー5世の妃キャサリンが夫と死別したあと、禁じられた恋に走らなかったら、チューダー王朝は出現しなかった。キャサリンは22歳の若い身空で寡婦となった。しばらくは、幼い息子ヘンリー6世の補佐をしていたが、ぱたりと宮廷から姿を消した。何をしていたのか？　美男の衣装係オーエン・チューダーに目をとめ、恋を成就、ひそかに結婚していたのである。身分違いの結婚は認められないので、ひっそりと暮らし、オーエンとの間に3人の息子（1人は早世）と1人の娘（修道女となる）を産んだ。

やがて、秘密の結婚が人の知るところとなり、キャサリンは子どもたちから引き離され、ロンドンのベルモンジィ修道院に監禁された。心痛がもとで、36歳で不帰の人となった。一方のオーエンはニューゲートに投獄された。だが、脱走し、故郷のウェールズに逃亡。その後、ヘンリー6世に赦され、息子たちとともにランカスター軍の先頭に立ちヨーク軍と戦い、武勇を発揮した。しかし、ヨーク軍に捕まり、首を切られ、その首はみせしめのために曝された。

ヘンリー6世は2人の異父弟に温情をかけ、長男エドマンド・チューダーをリッチモンド伯爵に、次男ジャスパー・チューダーをペンブルク伯爵に叙した。また、エドマンドとボーフォート家の跡取り娘マーガレットとの結婚をお膳立てした。エドマンドは薔薇戦争のさなかヨーク軍に捕らえられ、獄死した。このとき、マーガレットは身ごもっており、ウェールズのペンブルク城でジャスパー・チューダーに見守られて、ヘンリー（7世）を産んだ。薔薇戦争が勃発してから2年目になっていた。キャサリン王妃が衣装係との禁じられた恋を全うしていなかったら、ヘンリー7世もヘンリー8世もエリザベス1世もこの世に誕生せず、イギリス史はまったく異なる軌跡を描いていたであろう。

ヘンリー5世とキャサリンの結婚
フランス王シャルル6世の娘キャサリン（1401～37）は百年戦争の和平交渉により1421年に結婚。しかしその翌年、ヘンリーはフランスでの反乱鎮圧の陣中で亡くなってしまう

第四部

大英帝国の新時代

イギリス王の冠　一番上が戴冠式中のみ使用される「エドワード冠」、その下にはヴィクトリア女王のために作られた「インペリアル・ステート冠」

ヴィクトリア女王

The History of British Monarchy—4 ◉ 大英帝国、世界への飛翔

いち早く産業革命を成したイギリスは著しい発展をみせた。一八五一年には史上初の国際万国博覧会を開催、治世晩年には領土を世界へと拡げてゆく。

十八歳の女王の誕生

一八三七年六月、十八歳になるヴィクトリア女王（一八一九〜一九〇一）が即位した。

次世代の王位継承者が皆無となった状況に危機感を高めた政府は、ジョージ三世の王子たちに結婚するよう要請した。結婚して後継者をもうければ、借金を払ってもらえ下付金も上げてもらえるとあって、ジョージ三世の四男ケント公爵エドワードは五十歳を過ぎてあわててサクス・コバーグ・ゴータ・ザールフェルト公女ヴィクトリア（十年あまり連れ添った最初の夫と一八一四年に死別。前夫との間に娘一人と息子一人をもうけていた。一七八六〜一八六一）と結婚、ヴィクトリアをもうけた。ヴィクトリアが生後八ヵ月のときにケント公爵は亡くなった。夫人はジョージ三世の子どもたちが放蕩三昧の生活をおくっているのを嫌い、娘を宮廷になるべく近づけず、貞潔で道徳を重んじる女性になるよう厳しく育てた。

一八四〇年、ヴィクトリア女王は、母の兄サクス・コバーグ・ゴータ公爵の次男アルバート（一八一九〜四二）と結婚した。アルバートは背丈こそ一六七センチあまりしかないが、教養があり知的で、きりりとした美男の貴公子だった。ヴィクトリアは、結婚の前年に初めて彼に会って好感を持ち、文通を絶やさずにいた。ともに十八歳でいとこ同士。ヴィクトリアは最初に会ったとき、彼の印象を日記に記した。

「アルバートはとてもハンサムだ。髪の色はわたしの髪の色と同じく鳶《とび》色。眼は青くて大きい。美しい鼻、並びのよい歯、甘い唇をしている。最も魅力的なのは、顔の表情だ、本当に素敵な表情を見せる」

結婚直後には、次のような幸福感を漏らしている。

「これほど素晴らしい夫に恵まれ、ど

戴冠のローヴを纏い、祭壇に跪くヴィクトリア　1838年6月、ウェストミンスター寺院で戴冠式は厳かに行われた

ヴィクトリア（1819～1901）
即位の翌年、アルバート公爵と結婚。4男5女を得、子らの結婚を通じて各国の王室や貴族と姻戚関係が結ばれ、「ヨーロッパの祖母」と呼ばれた。夫と手を取り合い、帝国に繁栄をもたらし、51年の万国博覧会は大盛況を収めた。ディズレーリ内閣を支持し、エジプト、南アフリカを支配下に、さらにはインド女帝の称号を得、アフガニスタンを保護国とした。写真は51年に撮影されたヴィクトリアとアルバート公爵。

ヴィクトリア女王一家（1846年、ヴィンターハルター画）

う感謝すればいいのだろう。これまでただ一度も耳にしたことがなかった優しい呼び名を囁かれ、わたしは天にも昇るような歓喜にひたりきっていた」

アルバートはドイツ人であるために当初は不信の目で見られたが、女王に献身し誠実に尽くすさまに、国民は彼に信頼を寄せるようになった。

中産家庭の模範に

ジェームズ・ワット（一七三九～一八一九）の蒸気機関の発明により、商品の大量生産が可能となった。

一七六〇年代にいち早く産業革命を成し遂げたイギリスは、十九世紀には「世界の工場」となった。農業中心の社会から工業中心の社会になり、農村部から多くの労働者が都市に流れた。とくにアイルランドの移民が多かった。ロンドンをはじめとする都市の生活環境は劣悪化した。非衛生的で危険な環境のなか低賃金で働く労働者階級と、

1851年に開催されたロンドン万国博覧会の様子
参加国は30を超え、世界の叡智が結集されたこの一大イベントには会期約5ヵ月の間に600万人余（当時のロンドンの人口の約3倍）がつめかけた

工場主や投資家などから成る中産階級が台頭してきて、工業化により「二つのイギリス」が生まれた。当時の平均寿命は三十歳ぐらい。労働者の平均寿命は二十歳、労働者のうち四分の一が腸チフスに罹っていた。工場労働法が幾度か成立し、労働環境の改善、青少年の労働時間の制限などを定めたが、効果はあがらず、格差は広がるばかりだった。小説家チャールズ・ディケンズ（一八一二～七〇）は、『オリヴァーツイスト』や『クリスマス・キャロル』などのなかで、ヴィクトリア時代の下層社会を諧謔《かいぎゃく》と悲哀と温かい愛情をもって描いている。

貴族に代わって中産階級が社会を動かす中心的な存在となっていった。その道徳の規範となったのが、女王一家だった。

女王はアルバートと暮らした十七年間に四男五女を産んだ。夫婦仲は睦まじく、一家はイギリス中産階級の模範になる。女王の孫は四十人、曾孫は三十七人。どの国も王政が強固なイギリス王室との婚姻を望んだ。

アルバートは豊かな教養と聡明さで女王を支え、一八五一年には、ハイド・パークに水晶宮を建設して、芸術・工業・産業振興のための最初の国際万国博覧会を成功させ、国民の信頼と尊敬を勝ち得る。しかし一八六一年、四十一歳の若さで、腸チフスのために亡くなった。女王は悲嘆にくれ、喪服を脱ごうとせず、公務の遂行を拒み、「ウィンザーの未亡人」（The Widow of Windsor）と呼ばれた。

対外政策

一八四八年、ヨーロッパ各国で革命の炎が吹き荒れるが、ヴィクトリア女王を戴くイギリスは平和と安定を誇った。しかし、一八五四年、ドナウ川河口付近のトルコ領をロシアが占領したとき、イギリスはロシアの進出を防ぐためにフランスと結束してクリミア戦争を始めた。長い間平和に慣れていたイギリスはいかに戦争すべきかを忘れていた。クリミアに派遣された兵士たちは勇敢にロシア軍と戦ったが、六マイル離れたイギリス艦隊からの食料は届かず、兵士たちは飢え死にするありさまだった。このとき野戦病院で悲惨なありさまを目にしたフローレンス・ナインティンゲール（一八二〇～一九

ダイヤモンド・ジュビリーを迎えたヴィクトリア
ウェディングの時に着用したヴェールを身にまとっている。

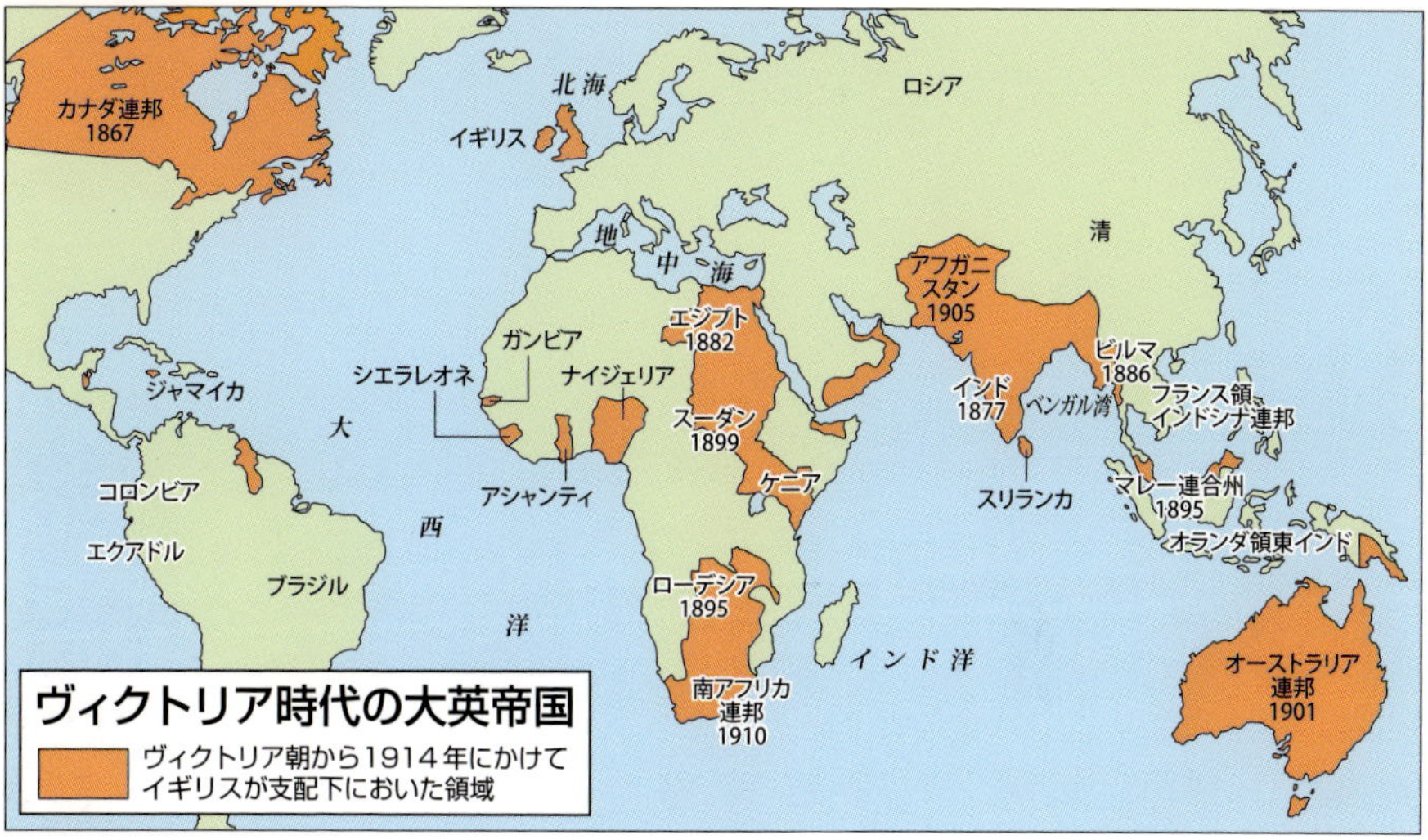

一〇）は本国で戦争の現実を訴え、野戦病院での看護体制の改善に努めた。一八五六年、イギリスはロシアの進出を阻止して戦争は終結した。

クリミア戦争以上にイギリス国民を震撼させたのはインドの反乱である。一八五七年五月、首長や民衆の支持をえてベンガル軍が武装蜂起した。まもなく、インドのあらゆる層の人が加わり、国の三分の二が反乱の舞台となった。しかし、イギリス軍によって鎮圧された。このときの反乱の炎は二十世紀になって再び燃え上がり、ガンジー（一九一七～四八）の非暴力独立運動を生む。

ヨーロッパでは、勢力の均衡が大きく変化し、小国の集合体であったイタリアは統一され、ビスマルク（オットー・フォン、一八一五～九八）を中心とするプロイセンは周辺の公国を統合してドイツ国家を形成し、ヨーロッパ列強の一つとなる。ドイツは一八七八年に再燃したロシア・トルコ戦に介入したりして周辺国家を脅かし、のちの第一次世界対戦の伏線となった。

ヴィクトリア女王の時代に、イギリス帝国の領土が大きく拡大した。一八六七年にカナダが、続いて、オーストラリア、ニュージーランド、ビルマ、アフリカのかなりの部分がユニオン・ジャックのもとに含まれた。大帝国の出現を象徴するかのように、一八七七年、女王は「インド女帝」の称号を授けられる。

一八九七年、ヴィクトリア女王の在位六十年を祝して、盛大な記念式典が挙行された。それからほぼ四年後の一九〇一年一月二十二日、女王は八十二歳で亡くなった。

忍び寄る戦火

The History of British Monarchy―4 ◉ エドワード七世とジョージ五世

各国で勃発する革命、そして世界を巻き込む未曾有の戦争……。女王亡き後、ヨーロッパ全土に暗雲がたちこむ。苦難の時代が訪れようとしていた。

エドワード七世

ヴィクトリア女王が死去し、その長男エドワード（一八四一〜一九一〇）が即位した。新王はすでに六十歳になっていた。彼の時代から、父方の名称を採用して、サクス・コバーグ・ゴータ王朝となる。

母は、彼が君主にふさわしい器でないと考えていた。女王は日記に「わたしが死んだら、この国はどうなることやら」と記した。だが、エドワード七世は、皇太子時代からヨーロッパの平和維持に尽力し、即位後も、インド、ポルトガル、ドイツ、イタリアなどを精力的に歴訪し、高く評価された。

一八九九年、南アフリカで、イギリス帝国主義に対してボーア人が反乱を起こした。戦争は長引き、イギリスの世論は激しさを増した。ボーア人が屈服したのは一九〇二年である。多くの若者がボーア戦でアフリカ人と戦い、繁栄を享受するイギリス社会に暗い影をなげかけた。一九一〇年に死去したエドワードの在位期間は短かった。

ジョージ五世

エドワード七世とアレクザンドラ王妃（一八四四〜一九二五）の長男アルバート王子は二十八歳のとき、肺炎を患って病没したために、次男のジョージ（一八六五〜一九三六）が王位を継承した。ジョージは亡き兄アルバートの許婚メアリー・オブ・テック（一八六七〜一九五三）を妃に迎えていた。メアリーの母はジョージ三世の七男ケンブリッジ公爵アドルファスの長女メアリー・アデレード（一八三三〜九七）、父はテック公爵フランツ（一八三七〜一九〇〇）、ロンドンのケンジントン宮殿で生まれ育った。

ジョージが四十五歳のとき、父が死去し、ジョージ五世として即位した。王位に即いた直後は、内閣と貴族院の抗争解決に取り組んだ。貴族院は貴族

王妃アレクザンドラ（1844～1925）
デンマーク王クリスティアン9世の長女として生まれ、のちにロシア帝国アレクサンデル3世妃となる妹ミニーとは一番仲がよかったといわれる。1863年に結婚し3男3女をもうけた。86年、戦没遺族の経済援助のために陸海空軍人家族教会を設立。1901年に王妃として即位。翌年には英陸軍看護施設を創立した。

エドワード7世（1841～1910）
幼時より両親の厳格な教育を受け、エジンバラ、オクスフォード、ケンブリッジ大学にて学ぶ。語学に長け、好んで諸外国を歴訪した。夫を亡くしたヴィクトリア女王が隠棲生活に入ると、皇太子として社交界、公式の席にも出席。1901年に即位。英仏協商、英露協商による三国協商の功績はエドワードの力によるところが大きいとされる。

ジョージ5世（1865～1936）
兄が存命だった1879年には各植民地およびエジプトや地中海、南アメリカ、極東などを周航し、81年には訪日もしている。帰国後、海軍に勤務するも92年に兄が他界、第2王位継承者となり軍を退役した。1910年に即位。第一次世界大戦が勃発すると、17年には家名を敵国のサクス・コバーグ・ゴータからウィンザーに変更。何人にも偏見のない公正な対応で万人に愛された。

にとって不利な法案に拒否権を発動する傾向があったのだ。ジョージはそれに対抗して、法案通過に賛成する貴族を新たに叙爵する手段を取り、時の首相アスキス（ハーバート・ヘンリー、一八五二〜一九二八）の内閣を支えた。

一九一四年六月、ボスニアのサラエボでオーストリア皇太子夫妻（フランツ・フェルディナントとゾフィー・ホテク）がセルビアの青年によって暗殺された事件をきっかけに、ドイツの援助を受けたオーストリアがセルビアに宣戦布告し、第一次世界大戦が勃発する。ドイツと戦火を交えるイギリス人の反独感情を考慮して、一九一七年七月十七日、ジョージ五世は王朝名をサクス・コバーグ・ゴータから、居城のウィンザー城にちなみウィンザーに変えることを宣言した。

ジョージ五世と王家の人びとの働きは国民の信頼を集めた。王と王妃は戦地、野戦病院、輸送船、病院船、艦艇を訪れ、国民とともに戦う国王夫妻として敬愛された。

共和主義の波はヨーロッパを襲い、イギリスでも労働党の勢力は拡大していた。イギリスの王政の行方も不透明だった。二十世紀初頭のヨーロッパでは、フランスとスイスとイタリア山中のサンマリノを除く、すべての国が君主制をとっていた。大戦をはさんで、オーストリア、ドイツ、セルヴィア、チェコスロヴァキア、ハンガリー、ポーランド、ロシアなどで君主制が廃止され、多くの小国の君主たちが歴史の闇に消えていった。ドイツ皇帝ヴィルヘルム二世はジョージの従兄にあたり、ロシア皇帝ニコライ二世（一八六八〜一九一八）の妻アレクサンドラ（一八七二〜一九一八）はヴィクトリア女王の次女アリスの娘である。一九一七年、革命によってニコライ二世一家は祖国を離れざるをえなくなった。ニコライは亡命の受け入れをジョージに打診したが、社会主義革命がイギリスに波及する恐れがあるとして、彼は首を縦に振らなかった。ニコライ二世一家はボリシェヴィキによって処刑されたが、一九一九年、辛うじて生き残った皇族・貴族たちがクリミア半島のヤルタに幽閉されていることを知ったときには、ジョージは戦艦「マールバラ」を差し向けた。

一九三六年一月十七日、ジョージ五世は日記に「どうも、耄碌《もうろく》したようだ」と記した。それから三日後、気管支炎のために死亡した。七十一歳だった。

この頃、ヨーロッパ世界は第二次大戦へ歩を向けていた。先の大戦でイギリスは勝ったものの、終戦とともに軍需景気がストップし、石炭、綿業、鉄鋼、造船、機械工業など、イギリスが代表する産業は不況に陥り、経済は停滞し、物価は急騰した。そのさなか、エドワード八世が退位するという国家の一大事が発生する。

The History of British Monarchy—4 ◉ 世界が驚愕した王冠をかけた恋

エドワード八世

民から愛され期待されるも、国王には許されない恋に落ちていたエドワード。王冠か、恋か。答を迫られたエドワードのとった決断とは……。

運命の恋

父ジョージ五世は生前、スタンレー・ボールドウィン首相（一八六七～一九四七）に「わたしが死んだら、皇太子は二ヵ月以内に破滅するだろう」と語ったが、この予言は的中する。

お洒落で遊び好きで、気さくなエドワード（一八九四～一九七二）は皇太子時代から国民に人気があった。儀式や格式にとらわれないライフ・スタイル、失業問題や労働者の住宅問題に関心を寄せ、国民に気さくに話しかける姿勢は新しい時代の王室を連想させた。また、ラジオを通して国民とコミュニケーションをはかる王子は「ラジオ・プリンス」と呼ばれて親しまれた。ところが、一九三一年十月、あるパーティで、アメリカ人のウォリス・シンプソン夫人（一八九六～一九八六）と出会い、シンプソン夫妻との交流を続けるなか、夫人に友人の域を超えた感情を持つようになる。彼女には離婚歴があり、船舶会社の役員をしている二度目の夫はロンドンに在住していた。

一九三六年一月、ジョージ五世が死去し、エドワード八世の即位宣言がセント・ジェームズ宮殿で行われた。新国王がボールドウィン首相に、自分はシンプソン夫人と結婚するつもりであり、夫人が離婚の手続き中であることを明かすと、首相は仰天する。国教会の首長である国王が二度の離婚歴のある女性と結婚することはできない。王冠か恋か、どちらかを選ばなければならないと忠言した。

一九三六年十二月十一日午後十時、エドワード八世はウィンザー城から、BBC放送を通じて国民に退位宣言をした。宣言のなかで、エドワードは愛する女性といっしょでなければ国王という重責を全うすることができないと述べた。王冠を戴いていたのは、わずか十一ヵ月だった。

エドワード8世（1894～1972）
第一次大戦においては近衛歩兵第1連隊附に任命され、フランス、エジプト、イタリアに従軍した。戦後、カナダ、アメリカ、オーストラリア、ニュージーランド、インドから日本、南アフリカから南米などを歴訪。国内においては失業問題や住宅問題に関心をもち、人望も期待も高かったが、1931年頃より交際していたシンプソン夫人との結婚問題で36年12月に退位。翌年にはウィンザー公爵の称号を与えられ、パリに移り住んだ。

ジョージ六世

望まずして王位につくこととなったジョージ六世。たゆまぬ努力と家族の支えで言語障害を克服し、国難を乗り越え、史上もっとも愛された王となった。

思いがけぬ戴冠

エドワード八世の退位とともに、王冠はヨーク公爵ジョージ（のちの六世、一八九五〜一九五二）に回ってきた。ジョージには強度の言語障害（どもり）があり、それほど人と話さなくともすむ海軍に身を投じ、第一次世界大戦では数々の戦功をあげた。人見知りする性格で、気が弱く、できれば王になりたくないと思っていた。

一九三六年十二月、ジョージ六世が即位し、翌年一九三七年五月十二日、ジョージ六世はエリザベス・ボウズ・ライオン（スコットランド貴族ストラスモア・キングホーン伯爵の娘、一九〇〇〜二〇〇二）とともに戴冠した。ジョージはすでにエリザベス王妃との間に、二人の娘エリザベス（一九二六〜）とマーガレット（一九三一〜二〇〇二）をもうけていた。

国王は、第二次世界大戦中はロンドンを離れず、国民を激励し、エリザベス王妃の献身と内助の功もあって、「良き王」として国民の敬愛を集めた。第二次世界大戦を目前にして、ジョージ六世は言語障害を克服するために、スピーチセラピストに付き、訓練を受けた。ラジオを通じてドイツに戦線布告する国王のことばはしっかりとしており、国民に勇気を与えた。

戦後、ジョージ六世は南アフリカなどを訪れて大英連邦の絆を確かなものにした。

一九五二年二月五日、長女エリザベスが英連邦を訪問している最中に、肺癌のために亡くなった。寡黙で恥ずかしがり屋、王になりたくなかったのに大きな重荷を背負わされた。彼はイギリス国民に最も愛される王となった。

ジョージ六世がセラピストの導きで言語障害を克服する様子を映画化した「英国王のスピーチ（The King's Speech）」は二〇一一年に日本でも上映され、大きな反響と感動を呼んだ。

ジョージ6世（1895～1952）
海軍士官として、第一次世界大戦に艦隊に勤務し、戦後はケンブリッジ大学に学んだ。1923年に結婚し2女をもうけている。兄エドワード8世の突然の退位を受け即位。第二次大戦中はよく軍隊や工場を訪れて士気を鼓舞した。誠実で真面目なジョージは国民からもっとも愛された王となった。

エリザベス二世

The History of British Monarchy—4 ◉ 新しき女王の時代

幾多の問題に直面しつつも苦難を乗り越え、国に新しい息吹を吹き込み、現在に王朝を繋いだエリザベス。後継者たちとともに栄えある王国の未来を築く。

若き女王の誕生

一九四七年十一月、エリザベスはフィリップ・マウントバッテン（一九二一〜）と、ウェストミンスター寺院で結婚した。十三歳のときに、友人の結婚式で彼を目にし、ほのかな恋心を抱いていた。フィリップは長身で端麗な面立ちの貴公子だった。彼は一九二一年、ギリシャ北西海岸沖のコルフ島で生まれ、母アリスはヴィクトリア女王の曾孫にあたる。フィリップはイギリス海軍に身を投じていたが、戦後、母方の姓マウントバッテンを名乗り、イギリスに帰化していた。

一九五三年六月二日のエリザベス二世の戴冠式の様子はテレビで放映され、世界中の人びとが新しい女王の誕生を祝した。エリザベス女王は一九四八年にチャールズ皇太子を、一九五〇年にアン王女を、その後、アンドリュー王子とエドワード王子を産んだ。

エリザベス女王が即位したとき、イギリスは諸問題を抱えており、危機的な状況にあった。戦後すぐに抑制されるかにみえたインフレは激しさを増し、賃金、物価ともに昇り続けた。対外収支は赤字続きだった。このような状況にもかかわらず、失業率がゼロとなり、あの輝かしいエリザベス一世の繁栄の時代が再到来したかのような印象を与えた。

第二次世界大戦が終わったとき、多くの成人男性が戦死したので、イギリスは労働者不足に陥った。一九五〇年代まで、イギリスはほとんど白人社会だった。ところが、労働不足を補うために、西インド諸島、インド、パキスタンからの移民を受け入れた。その結果、これまで経験したことのない人種間の緊張を引きおこした。「ノー・カラーズ」（有色人種お断り）と堂々と掲げる民宿（ベッド・アンド・ブレックファースト）も多々あった。一九七〇年までに、人種問題はピークに達し、

エリザベス2世（1926～）
1936年、伯父エドワード8世が退位し、父ジョージ6世が即位。次期王位継承者となる。終戦後の47年、フィリップ殿下と結婚、3男1女をもうける。52年、父の死を受け即位。女王外交、宮殿の解放など、激動の20世紀を支えた。

ウィリアム王子とキャサリン・ミドルトンの結婚式に臨む女王一家（2011年4月29日）　中央にウィリアム王子とキャサリン、その左側前列にエリザベス女王夫妻が座り、その後ろにはヘンリー王子、チャールズ皇太子夫妻が並んでいる

差別される人びとを守るために、「人種問題題庁」が開設された。

同時に女性も給与や仕事において差別の犠牲者であるとの認識が高まり、不公平をただす法律が次々に議会を通過した。一九七九年には、はじめての女性首相が誕生する。マーガレット・サッチャー（一九二五〜）が率いる保守党が総選挙で圧勝し、サッチャーが首相となったのだ。彼女は「鉄の女」といわれ、その政治手腕は高く評価された。一九九〇年まで、政治の舵取りをし、「イギリス病」からイギリスを脱出させるのに大きな働きをした。

後継者たち

順風満帆にみえたイギリス王室が暗雲に包まれるのは、一九八一年に結婚した、チャールズ皇太子（一九四八〜）とダイアナ妃（一九六一〜九七）の不仲が明るみに出てからである。王室が生粋のイギリス女性を妃にむかえるのは、ジェームズ二世がアン・ハイドと結婚した一六二〇年以来のことである。王室の結婚は重大な外交の駒であるから、外国の王室との結婚を原則としてきた。イギリス人は、チャールズ皇太子とダイアナ妃の結婚を歓迎した。しかし、チャールズは結婚後も、年上の人妻カミラ・パーカーボールズ（一九四七〜）との関係を続け、結婚は破綻した。一九九六年、皇太子夫妻は離婚。ダイアナ妃は、一九九七年八月三十一日、パリで交通事故死した。三十六歳の短い生涯だった。

二〇〇二年六月三日、四日、ロンドンで、エリザベス女王の即位五十周年を祝う行事が行われた。百万人のイギリス国民がロンドンに押し寄せ、女王の長寿を祝した。王室は再び生気を取り戻したかにみえる。征服王ウィリアムがイギリスに樹立した王室は、幾度も直系の後継者が断たれ存亡の危機に瀕したが、そのたびに外国から君主を招き、したたかに延命をはかり、二つの世界大戦を生き延びてきた。ダイアナ妃が産んだウィリアム王子（一九八二〜）とヘンリー王子（一九八四〜）には、イギリス人の血が誰よりも濃く流れている。王子たちは、ダイアナ妃が献身した慈善活動を引き継ぎ発展させてゆくであろう。

二〇一一年四月二十九日、ウィリアム王子は民間人のキャサリン・ミドルトン（一九八二〜）さんと結婚し、王室に新しい風を吹き込んだ。民間人の花嫁の輿入れは、三百五十年ぶり。このロイヤル・ウェディングに国民は熱狂した。二人の間に生まれる子どもたちには、さらに濃いイギリス人の血が流れることになる。

白人社会から多民族国家に変貌したイギリス。伝統と多様性こそがイギリスの大きな遺産であり、武器である。これからどのような軌跡を描いてゆくのであろうか。

画策されたヴィクトリア女王の恋愛結婚

ヴィクトリア女王の恋愛結婚は、実はれっきとした見合い結婚だった! ヴィクトリアが17歳のとき、母ケント公爵夫人の兄、サクス・コバーグ・ゴータ公爵の息子エルネストとアルバートが来英した。ケント公爵夫人の弟レオポルドの差し金によるものである。

レオポルドはロシアの陸軍元帥となった1815年に、ロシア皇帝アレクサンドル1世の親友として、皇帝とともにロンドンを訪れた。このとき、摂政卿ジョージ(のちのジョージ4世)の一人娘シャーロットに見初められ、結婚した。シャーロットはジョージ王朝のただひとりの王位継承者、いずれ女王になる身。レオポルドには、女王の配偶者としての輝かしい未来が約束されていた。しかも、イギリスに祖国にちなむ王朝を出現できるのだ。

しかし、2年後、シャーロットは難産のあげく息子を死産し、死去してしまう。侍医は責任を感じて自害。その後もレオポルドは、5000ポンドの年金を受け、イギリスに留まり続けた。

やがて、ケント公爵が姉ヴィクトリアと結婚し、ヴィクトリア王女をもうける。ヴィクトリア王女は2歳にして次期王位継承者となる。レオポルドに新たな野望が芽生えた瞬間だった。兄の息子のひとりをヴィクトリア王女の婿にすれば、悲願の達成は夢ではない。1831年、レオポルドはベルギー王位就任のためにイギリスを離れたが、野望は持ち続けた。

1836年、レオポルドはふたりの甥をイギリスに送り出した。公爵家の跡継ぎのエルネストは公国を離れられないが、次男アルバートはどこにでも移り住める。背丈こそ167センチ余りしかないが、教養があり知的できりりとした美男。案の定、ヴィクトリアはアルバートをひと目見るなり、恋に落ちた。1839年、レオポルドは甥アルバートを再びイギリスに送り出した。ヴィクトリアはアルバートに求婚。2月、ふたりは結婚した。この「恋愛結婚」に国民は熱狂した。こうしてイギリスに、サクス・コバーグ・ゴータ王朝が出現したのである。

ヴィクトリアとアルバートの結婚式

イギリス地図

オークニー諸島
ヘブリディーズ諸島
スカイ島
スコットランド
アバディーン
モントローズ
スターリング
エディンバラ
グラスゴー
ノーサンバランド州
ロンドンデリー
ベルファスト
ダラム
マン島
ヨークシャー州
ヨーク
ランカスター
ウェイクフィールド
アイリッシュ海
マンチェスター
イングランド
リヴァプール
ゴールウェイ
ダブリン
リンカン
チェスター
ノッティンガム
カナーヴォン
アイルランド
ノリッジ
ピーターバラ
レスター
ノーフォーク州
バーミンガム
ウェールズ
ケンブリッジ
ノーサンプトン
コーク
オックスフォード
エセックス州
グロスター
ロンドン
ブリストル
カンタベリー
ウィンチェスター
ケント州
ドーバー
サマセット州
ブライトン
サウサンプトン
ヘイスティングス
ポーツマス
コーンウォール州
ワイト島

イギリス王室関連略系図

太字はイギリス国王
(　)は在位年

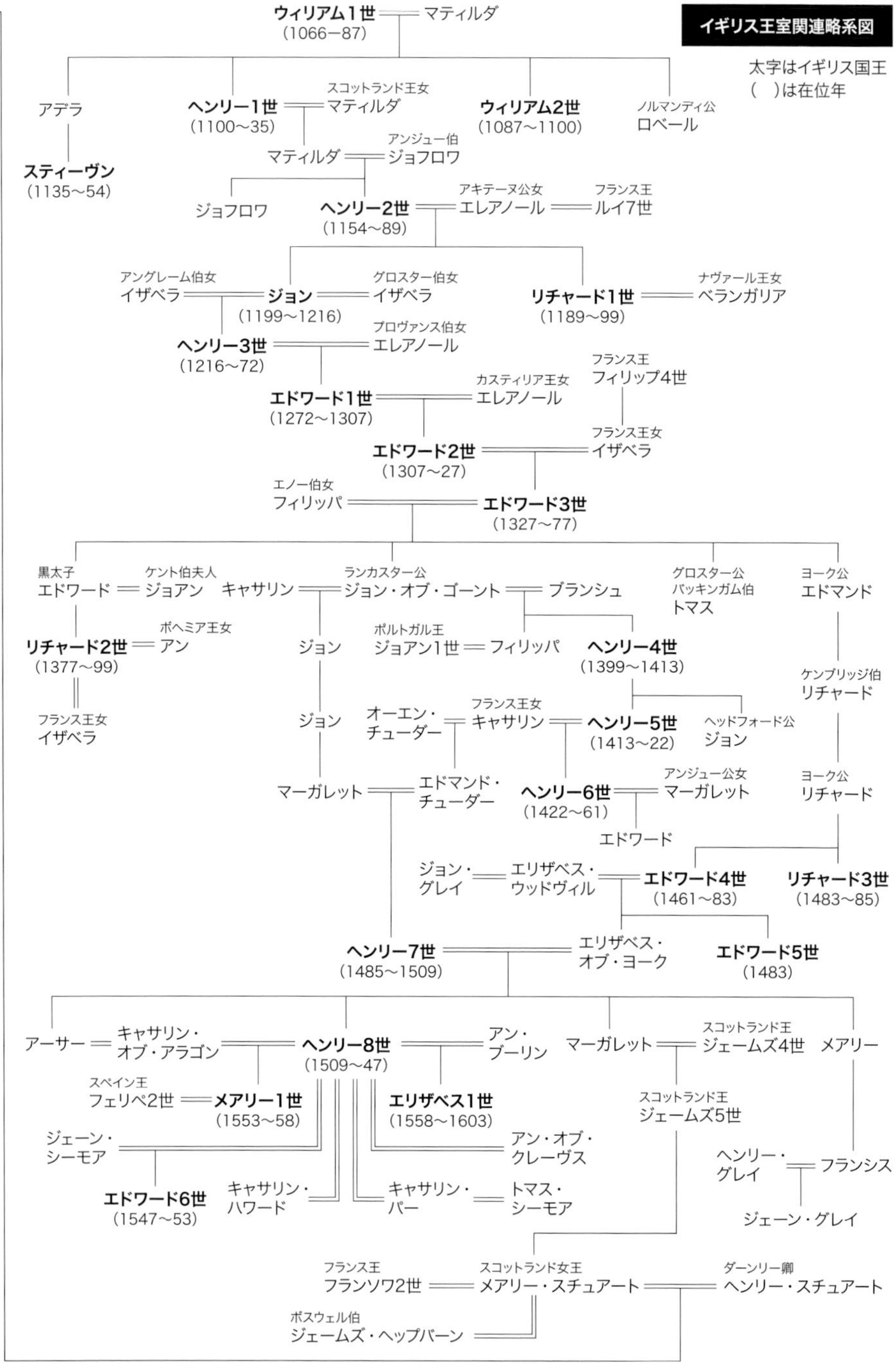

ウィリアム1世 (1066−87)
マティルダ
アデラ
スティーヴン (1135〜54)
ヘンリー1世 (1100〜35)
スコットランド王女 マティルダ
ウィリアム2世 (1087〜1100)
ノルマンディ公 ロベール
マティルダ
アンジュー伯 ジョフロワ
ジョフロワ
ヘンリー2世 (1154〜89)
アキテーヌ公女 エレアノール
フランス王 ルイ7世
アングレーム伯女 イザベラ
ジョン (1199〜1216)
グロスター伯女 イザベラ
リチャード1世 (1189〜99)
ナヴァール王女 ベランガリア
ヘンリー3世 (1216〜72)
プロヴァンス伯女 エレアノール
エドワード1世 (1272〜1307)
カスティリア王女 エレアノール
フランス王 フィリップ4世
エドワード2世 (1307〜27)
フランス王女 イザベラ
エノー伯女 フィリッパ
エドワード3世 (1327〜77)
黒太子 エドワード
ケント伯夫人 ジョアン
キャサリン
ランカスター公 ジョン・オブ・ゴーント
ブランシュ
グロスター公 バッキンガム伯 トマス
ヨーク公 エドマンド
リチャード2世 (1377〜99)
ボヘミア王女 アン
フランス王女 イザベラ
ジョン
ポルトガル王 ジョアン1世
フィリッパ
ヘンリー4世 (1399〜1413)
ケンブリッジ伯 リチャード
ジョン
オーエン・チューダー
フランス王女 キャサリン
ヘンリー5世 (1413〜22)
ヘッドフォード公 ジョン
マーガレット
エドマンド・チューダー
ヘンリー6世 (1422〜61)
アンジュー公女 マーガレット
ヨーク公 リチャード
エドワード
ジョン・グレイ
エリザベス・ウッドヴィル
エドワード4世 (1461〜83)
リチャード3世 (1483〜85)
ヘンリー7世 (1485〜1509)
エリザベス・オブ・ヨーク
エドワード5世 (1483)
アーサー
キャサリン・オブ・アラゴン
ヘンリー8世 (1509〜47)
アン・ブーリン
マーガレット
スコットランド王 ジェームズ4世
メアリー
スペイン王 フェリペ2世
メアリー1世 (1553〜58)
エリザベス1世 (1558〜1603)
スコットランド王 ジェームズ5世
ジェーン・シーモア
アン・オブ・クレーヴス
ヘンリー・グレイ
フランシス
エドワード6世 (1547〜53)
キャサリン・ハワード
キャサリン・パー
トマス・シーモア
ジェーン・グレイ
フランス王 フランソワ2世
スコットランド女王 メアリー・スチュアート
ダーンリー卿 ヘンリー・スチュアート
ボスウェル伯 ジェームズ・ヘップバーン

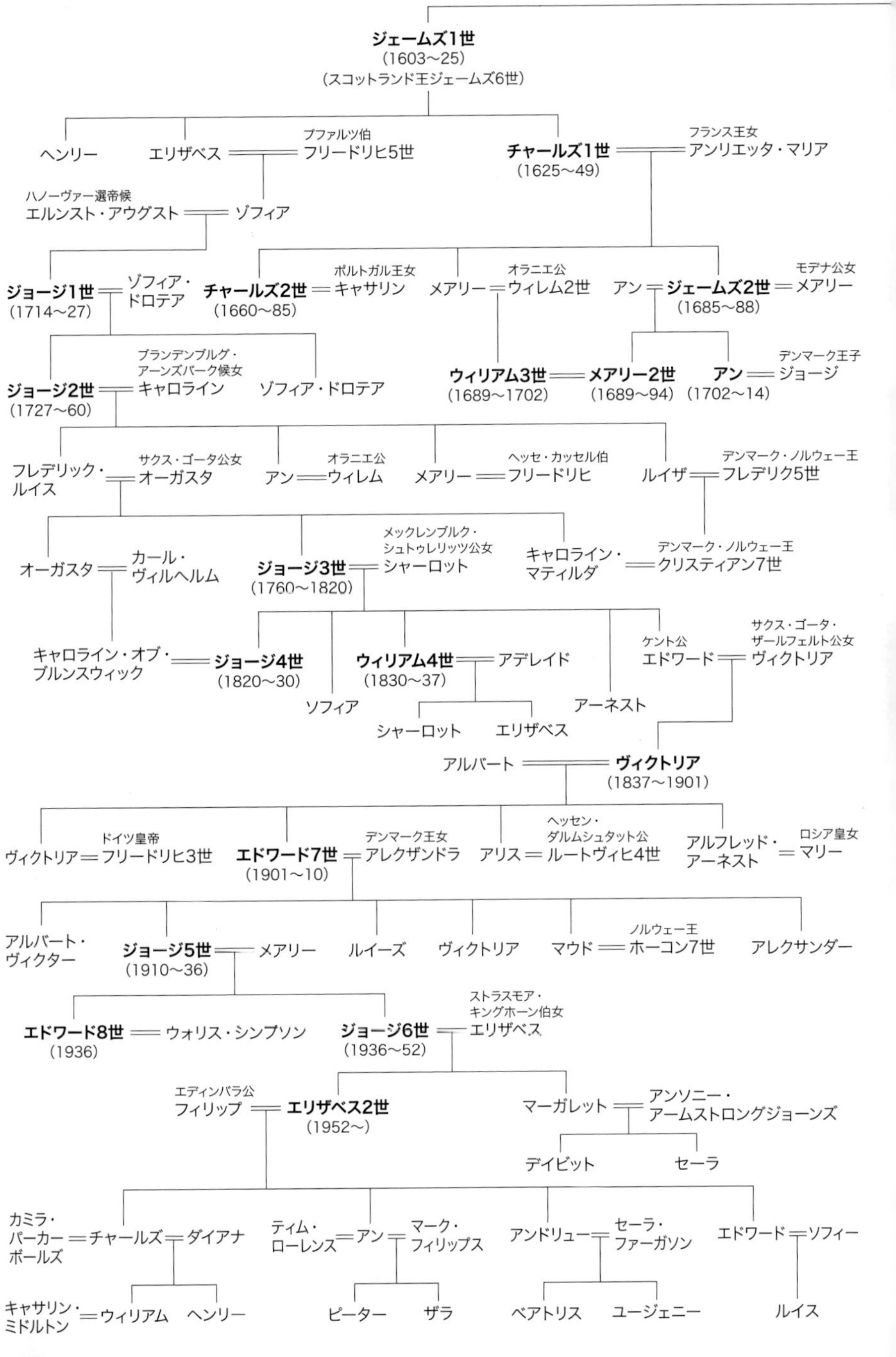
ジェームズ1世
(1603～25)
(スコットランド王ジェームズ6世)
ヘンリー
エリザベス
プファルツ伯
フリードリヒ5世
チャールズ1世
(1625～49)
フランス王女
アンリエッタ・マリア
ハノーヴァー選帝侯
エルンスト・アウグスト
ゾフィア
ジョージ1世
(1714～27)
ゾフィア・ドロテア
チャールズ2世
(1660～85)
ポルトガル王女
キャサリン
メアリー
オラニエ公
ウィレム2世
アン
ジェームズ2世
(1685～88)
モデナ公女
メアリー
ジョージ2世
(1727～60)
ブランデンブルグ・アーンズバーク候女
キャロライン
ゾフィア・ドロテア
ウィリアム3世
(1689～1702)
メアリー2世
(1689～94)
アン
(1702～14)
デンマーク王子
ジョージ
フレデリック・ルイス
サクス・ゴータ公女
オーガスタ
アン
オラニエ公
ウィレム
メアリー
ヘッセ・カッセル伯
フリードリヒ
ルイザ
デンマーク・ノルウェー王
フレデリク5世
オーガスタ
カール・ヴィルヘルム
ジョージ3世
(1760～1820)
メックレンブルク・シュトゥレリッツ公女
シャーロット
キャロライン・マティルダ
デンマーク・ノルウェー王
クリスティアン7世
キャロライン・オブ・ブルンスウィック
ジョージ4世
(1820～30)
ソフィア
ウィリアム4世
(1830～37)
アデレイド
シャーロット
エリザベス
アーネスト
ケント公
エドワード
サクス・ゴータ・ザールフェルト公女
ヴィクトリア
アルバート
ヴィクトリア
(1837～1901)
ヴィクトリア
ドイツ皇帝
フリードリヒ3世
エドワード7世
(1901～10)
デンマーク王女
アレクザンドラ
アリス
ヘッセン・ダルムシュタット公
ルートヴィヒ4世
アルフレッド・アーネスト
ロシア皇女
マリー
アルバート・ヴィクター
ジョージ5世
(1910～36)
メアリー
ルイーズ
ヴィクトリア
マウド
ノルウェー王
ホーコン7世
アレクサンダー
エドワード8世
(1936)
ウォリス・シンプソン
ジョージ6世
(1936～52)
ストラスモア・キングホーン伯女
エリザベス
エディンバラ公
フィリップ
エリザベス2世
(1952～)
マーガレット
アンソニー・アームストロングジョーンズ
デイビット
セーラ
カミラ・パーカーボールズ
チャールズ
ダイアナ
ティム・ローレンス
アン
マーク・フィリップス
アンドリュー
セーラ・ファーガソン
エドワード
ソフィー
キャサリン・ミドルトン
ウィリアム
ヘンリー
ピーター
ザラ
ベアトリス
ユージェニー
ルイス

 イギリス王室関連略系図

イギリス王室関連略年表

西暦	事項
八二九	イングランド地方にアングロ・サクソン族が建てた七王国をエグベルドが統一。
一〇一六	デーン人の王クヌートがエドマンド剛勇王とイングランドを分割統治する。
一〇六六	ノルマンディ公爵ウィリアム一世がイングランドを征服、ノルマン朝はじまる。
一〇七八	ウィリアム一世がロンドン塔の築城をはじめる。
一一三九	ヘンリー一世が亡くなり、ヘンリー一世の甥スティーヴンと王女マティルダの内乱がはじまる。
一一五四	マティルダの息子ヘンリー二世即位し、プランタジネット朝はじまる。
一一七〇	カンタベリー大司教トマス・ベケット暗殺。
一一八九	第三回十字軍にリチャード一世が参加（～九二）。
一二一五	ジョン王がマグナ・カルタ（大憲章）を承認、イギリス憲法のさきがけとなる。
一二九五	エドワード一世のもとで、聖職者・貴族・騎士・市民による議会が召集される（模範議会）。
一三二七	エドワード二世妃イザベルが夫を廃位させて息子エドワード三世を即位させる。
一三三九	エドワード三世がフランス王位継承権を主張して英仏百年戦争はじまる（～一四五三）。
十四世紀半ば	黒死病（ペスト）が流行し、人口の三分の一を失う。
一三九九	リチャード二世を廃位してヘンリー四世即位、ランカスター朝はじまる。
一四二二	ヘンリー五世が没し、ヘンリー六世が即位。
一四二九	ジャンヌ・ダルクがオルレアンを解放してイギリス軍を撃退する。
一四五五	ランカスター・ヨーク両家が王位を争い、薔薇戦争はじまる（～八五）。
一四八三	エドワード五世が叔父リチャード三世によってロンドン塔に幽閉され、消息を絶つ。
一四八五	ヘンリー七世が即位して、チューダー朝はじまる。
一五三四	国教会確立。
一五五四	エドワード六世が没してジェイン・グレイ姫が即位するが九日で廃位、ロンドン塔で処刑される。
一五五八	エリザベス一世即位（～一六〇三）。
一五八七	エリザベス一世がスコットランド女王メアリー・スチュアートをフォザリンゲイ城で処刑する。
一五八八	エリザベス一世、アルマダ沖でスペインの無敵艦隊を撃破。
一六〇〇	イギリス東インド会社設立。
一六〇三	エリザベス一世が没してスコットランドのジェイムズ

	一世が即位、スチュアート朝はじまる。
一六四二	議会派と国王派の内戦がはじまり、清教徒革命に発展、四九年にチャールズ一世が処刑される。
一六六〇	フランスに亡命していたチャールズ二世が帰国して即位する（王政復古）。
一六八八	名誉革命でジェイムズ二世亡命、オランダ総督のウィリアム三世とメアリー二世が王位につく。
一七〇七	アン女王のもとでイングランドがスコットランドを併合して、大ブリテン王国となる。
一七一四	アン女王没してジョージ一世即位、ハノーヴァー朝はじまる。
一七三三	ジョン・ケイが飛び梭《ひ》を発明、産業革命はじまる。
一七五七	東インド会社のクライヴがプラッシーの戦いでフランス軍を撃破する。
一七七五	アメリカ独立戦争はじまる（～八三）。
一八〇五	ネルソンがトラファルガーの海戦でナポレオンを破る。
一八一四	ウェリントンがワーテルローの戦いでナポレオンを破る。
一八二五	ストックトン・ダーリントン間に鉄道開通。
一八三七	ヴィクトリア女王即位（～一九〇一）。
一八三九	ヴィクトリア女王とアルバート公の結婚式が行われる。
一八四〇	アヘン戦争（～四二）で清朝軍を破り、香港・上海などを開港させる。
一八五一	ロンドン世界万国博覧会開催。
一八五三	クリミア戦争はじまる(～五六)。イギリスはトルコを支援して、ロシアと戦う。ヴィクトリア女王が麻酔分娩を行う。

一八五六	フランスとアロー戦争をおこして清朝を破る(～六〇)。
一八六一	ヴィクトリア女王の夫アルバート公死去。
一八七五	ディズレーリ首相がスエズ運河の株式を買収。
一八七七	ヴィクトリア女王がインド帝国皇帝を兼ねる。
一九〇二	日英同盟締結（～二一）。
一九一四	第一次世界大戦はじまる（～一八）。
一九一七	王朝名をウィンザー朝に改める。
一九二八	すべての成年男女に選挙権が与えられる。
一九三六	エドワード八世が退位、翌年、シンプソン夫人と結婚する。
一九三九	第二次世界大戦はじまる（～四五）。
一九四七	インド連邦・パキスタンが独立する。エリザベス王女が元ギリシャ王子フィリップと結婚する。
一九四九	エール共和国が連邦を脱退、アイルランド共和国となる。
一九五二	エリザベス二世即位。
一九五六	第二次中東戦争でエジプトに出兵。
一九七九	サッチャーが初の女性首相となる。
一九八一	ダイアナとチャールズ皇太子の結婚式が行われる。
一九八二	アンゼルチンとの間にフォークランド紛争おこる。ダイアナ妃の長男ウィリアム王子誕生。
一九八四	ダイアナ妃の次男ヘンリー（ハリー）王子誕生。
一九九六	ダイアナがチャールズ皇太子と離婚する。
一九九七	ダイアナが恋人ドディ・アルファイドとパリで交通事故死する。
二〇〇二	エリザベス二世即位五十周年。

執筆者略歴

石井美樹子 *Mikiko Ishii*

津田塾大学大学院博士課程修了。1974～78年、ケンブリッジ大学大学院で中世英文学・演劇を専攻。文学博士。現在、神奈川大学外国語学部教授。著書に『イギリス・ルネサンスの女たち』『王妃エレアノール』『薔薇の冠――イギリス王妃キャサリンの生涯』『ルネサンスの女王エリザベス――肖像画と権力』『エリザベス――華麗なる孤独』『図説ヨーロッパの王妃』『図説イギリスの王室』『図説ヨーロッパ宮廷の愛人たち』『マリー・アントワネットの宮廷画家――ルイーズ・ヴィジェ・ルブランの生涯』など多数。

〈編集協力〉
荒井 由美
〈写真協力〉
㈱PPS通信社／㈱アマナイメージズ／
㈱アーテファクトリー／ゲッティイメージズ／アフロ
〈地図制作〉
㈲オフ／㈲デザインルーム・グラフ

ビジュアル選書
イギリス王室一〇〇〇年史

二〇一一年十一月十五日　第一刷発行
二〇一二年五月二十八日　第二刷発行

著　者　石井　美樹子
発行者　杉本　惇
発行所　株式会社　新人物往来社
〒一〇二－〇〇八三
東京都千代田区麹町三－二　相互麹町第一ビル
電話　編集　〇三（三二二一）六〇三二
　　　営業　〇三（三二二一）六〇三一
振替　〇〇一三〇－四－七一八〇八三
組　版　マッドハウス
印刷・製本　大日本印刷

ISBN 978-4-404-04098-5, Printed in Japan